Liebe Leserin, lieber Leser!

Innen gut, alles gut! Das klingt vielleicht etwas wie ratz-fatz heile. Leider ist das nicht so, aber großartig wäre es schon. Die Vorstellung, dass alle Menschen innen seelisch heil sind, innen alles gut ist, entspräche Frieden für die ganze Welt. Denn jeder Mensch, der ein wirklich gesundes Selbstwertgefühl besitzt, trägt dieses Heilsein in sich. Es bedeutet viel Liebe zu sich und Anderen, egal ob Mensch oder Tier. Wenn niemand mehr Ängste, Unsicherheiten, Aggressionen oder andere Defizite leben müsste, weil alle in sich ruhen, wäre das Paradies geboren.

Ein wunderschöner Gedanke, der sich leider nicht geschlossen im Kollektiv, also so, dass es allen gleichzeitig richtig gut geht, verwirklichen lässt.

Fast jeder von uns spürt, dass es innen noch nicht ganz rund läuft. Aber wie lösen wir das? Wie schaffen wir es, zu einer besseren Lebensqualität zu kommen, mit guten Gedanken, konstruktivem Handeln und entsprechend positiven Gefühlen?

Hier setzt dieses Buch an.

Es gibt sehr viele gute Sachbücher und Ratgeber, geschrieben von herausragenden Autoren, die große Zusammenhänge zur geistigen Verarbeitung wunderbar vermitteln.

Innen gut, alles gut ist kein typisches Sachbuch. Vielmehr finden wir hier ein buntes Verweben von Gleichnissen, Erklärungen, von Ursachen und entsprechenden Auswirkungen. Wir lesen Geschichten, wie aus dem wahren Leben, wobei uns so manches sehr vertraut vorkommen wird. Visionsabläufe helfen zu verändern und zu wachsen.

Und wie auf einem Pfad durch blumenbunte Wiesen *wandern* wir von Kapitel zu Kapitel einer immer größer werdenden Bewusstheit entgegen.

Dabei bedienen wir uns einer Bildersprache, die leicht nachvollziehbar ist. Auch mit Kopfkino-Übungen, die Spaß machen, wird hierbei ein Weg geschaffen, den jeder gerne mitgehen wird.

Seit 25 Jahren berate ich Menschen in meiner Praxis für psychologische und spirituelle Persönlichkeitsentwicklung. Es geht auch bei unseren Sitzungen nicht vorrangig um theoretische Ausführungen. Damit erreichen wir den Kopf, den Verstand, aber nicht automatisch die dazugehörigen Gefühle.

Werden wir gewahr, was wir gerade denken, dann braucht es noch die entsprechenden Empfindungen, damit es in uns auch lebendig wird.

Wenn ein Freund eine Beule in sein Auto gefahren hat, kann ich sagen: „Das ist aber schade", weil man freundlicherweise dann so etwas sagt. Sind es nur Worte, anstandshalber geäußert, werde ich nichts dabei empfinden. Meine Gefühle bleiben unberührt. Gehe ich aber über ein ‚Ach Beule, ja schade' hinaus und empfinde mit, wie ärgerlich und wirklich schade das sein kann, dann bewegt sich etwas in mir. Ich fühle.

Nicht nur etwas denken, sondern auch dabei zu fühlen, schafft die notwendige Voraussetzung für Veränderung und Wachstum.

Deshalb ist es wichtig, dass das, was wir lesen, direkt auf die Seelenebene transportiert werden kann. Dahin, wo unsere Lebensprogramme seit der Kindheit wirken. Auf dieser Ebene des Fühlens kann unmittelbar bewegt und dauerhaft verändert werden.

Geschichten, Texte, Visionen und Gleichnisse, die mit der Seele korrespondieren, führen selbstverständlich in die eigene Tiefe.

Das Gute dabei, wir müssen uns auf diesem Wachstumsweg nicht großartig schulen, da das Kind in uns angesprochen wird. Das schafft leichteren Zugang, wenn es um Ursachen, Auswirkungen und daraus resultierende Veränderungen geht.

So verständlich und nachvollziehbar dieser Weg zur angstfreien, selbstsicheren Persönlichkeit ist, so wichtig ist es, sich in Eigenverantwortung und mit festem Willen dann auch wirklich in Bewegung zu setzen. Ich weiß aus eigener Erfahrung, wie sehr es sich lohnt.

Mit diesem Buch hältst du einen lebendigen Leitfaden in deinen Händen, der dich ganz selbstverständlich mitnimmt, auf eine Reise zum Sonnenaufgang deiner schönen Seele.

Ich habe mir erlaubt, in der Du-Form zu schreiben, weil wir auf den nächsten Seiten häufig unmittelbar die Seele ansprechen werden.

Viel Spaß beim Lesen, Lachen, beim Vergießen eines Tränchens und dabei immer weiterzuwachsen!

Was bin ich mir selbst wert?

S tell dir einmal vor, du wachst mitten in der Nacht auf und vor deinem Bett steht eine kleine Elfe. Fröhlich teilt sie dir mit, dass ausgerechnet du einen Wunsch von ihr erfüllt bekommst. Du sollst dich dafür zwischen fünf Möglichkeiten entscheiden.

Zur Wahl bietet sie an:

1. Eine komplette Ausstattung aus der Frühjahrskollektion des nächsten Jahres.
2. Kostenfreies Leasing eines tollen Autos für ein Jahr
3. Eine Weltreise.
4. Gesunder Selbstwert und vertrauensvoller Umgang mit dem Leben.
5. Eine neue Wohnungseinrichtung.

Wofür wirst du dich entscheiden? Vier der fünf Möglichkeiten sind gut vorstellbar. Ein tolles Auto, schicke Kleidung, neue Möbel oder eine Weltreise sind alles schöne Dinge, die greifbar, nachvollziehbar und real sichtbar sind. Die Wunscherfüllung ,gesunder Selbstwert' unterscheidet sich davon. Hier findet etwas im Innen statt, bei den anderen Möglichkeiten außerhalb.

Wovon werden wir mehr profitieren?

Auto vs. Selbstwert, Kleidung vs. Mut, Möbel vs. Gottvertrauen, Weltreise vs. Loslassen.

Was ein tolles Auto bedeutet, schicke Kleidung oder neue Möbel, kann jeder leicht definieren. Ebenso, wie eine interessante Weltreise aussehen kann. Aber was macht gesunden Selbstwert aus? Leider ist unsere Elfe nur in unserer Vorstellung lebendig, deshalb lass uns das mit dem Selbstwert hier einmal genauer ansehen.

Im Folgenden findest du einen Test. Er hilft uns, dem Begriff Selbstwert näher zu kommen und gleichzeitig zu erkennen, wo wir stehen, wenn es um uns geht. Lass die Aussagen auf dich wirken und überlege, ob du mit einem JA bestätigen kannst!

Ich kann mich so akzeptieren, wie ich bin.

Ich bin in Frieden mit mir und meiner Welt.

Ich lasse mich nicht zum Funktionsorgan anderer machen. Ich kann Nein sagen.

Ich bin bereit zu helfen, wenn ich wirklich gebraucht werde.

Ich weiß um meine Ecken und Kanten und bin bereit, an meiner Persönlichkeit zu arbeiten.

Ich gehe liebevoll mit mir um, ohne mich ständig zu kritisieren.

Ich kann gut über mich lachen, wenn mir zum Beispiel ein komisches Missgeschick passiert.

Ich muss niemandem etwas beweisen.

Gerechtfertigte Kritik kann ich annehmen, wenn sie angemessen vorgetragen wird.

Ich vertraue meinem Lebensweg und weiß, dass alles Sinn macht.

Ich muss nicht immer alle und alles bewerten. Ich lebe gern.

Ich fühle mich nicht ständig angegriffen oder missachtet.

Ich habe Verständnis für Menschen, die anders sind als ich.

Wenn ich in einer Gruppe stehe, nicke ich nicht eifrig zu allen Aussagen, ich habe eine eigene Meinung.

Ich muss weder den dicken Wagen noch die teure Kleidung haben, wie jemand aus meiner Nachbarschaft.

Ich kann gut alleine aber genauso gut in Gesellschaft sein.

Ich freue mich, wenn es anderen richtig gut geht.

Ich kann mich und andere loben.

Konntest du alle Aussagen mit Ja beantworten, dann *wünsche* dir von der kleinen Elfe vielleicht eine wunderschöne Weltreise und wenn du mit der richtigen Motivation heran gehst, mag es klappen. Nimm unser Buch mit und habe einfach Spaß beim Lesen.

Konntest du nicht so viele Aussagen mit Ja beantworten, dann wird dir wahrscheinlich einmal mehr klar: Mein Selbstwert könnte besser sein.

Nun können wir vielleicht, weil wir das Geld haben, eine Weltreise machen oder schicke Kleidung kaufen. Schleppen wir dabei aber ein ungutes Gefühl mit uns herum, das verursacht, dass wir immer nur kurzfristig Außenfreuden empfinden, dann haben wir auf Dauer, trotz Geld und Konsum, kein glückliches Leben.

Ich erinnere mich an meine Zeit als junge Mutter. Damals gingen meine beiden Kinder in einen Kindergarten und jeden Mittag standen wir Mütter wartend davor. Während fast alle anderen in kleinen Gruppen lachend und erzählend zusammenstanden, blieb ich meist im Hintergrund neben einer alten Eiche zurück.

Damals glaubte ich zu stören, wenn ich mich zu den anderen Müttern gesellte. In meinem Gefühl gehörte ich einfach nicht dazu. Und das, obwohl ich zu der Zeit schon sieben Jahre als Kindergartenleiterin einer anderen Einrichtung mit über 100 Kindern und vielen Kolleginnen hinter mir hatte.

Die Leitung übernahm ich damals im Alter von 20 Jahren als jüngste Leiterin in Nordrhein-Westfalen. Es funktionierte gut. Ich konnte Leistung zeigen und das gab mir Sicherheit. Aber später am Kindergarten meiner eigenen Kinder war ich eine Mutter wie jede andere. Dabei ging es nur um mich selbst und nicht um das, was ich leistete. Das machte mich unsicher. Mein Selbstwert schlummerte auch später noch eine ganze Weile vor sich hin.

Als ich mir dann irgendwann meiner Blockaden und Defizite bewusst wurde, wurde mir klar, das hier etwas geschehen muss. Dieser Wachstumsprozess hält bis heute an und geht hoffentlich noch viel weiter.

Mangelnder Selbstwert hat viele Gesichter mit unterschiedlichen Erscheinungsformen. Die folgende Geschichte passt gut dazu.

Ullas Datingversuch

Das mit den Frauen ist ja so eine Sache. Zum Beispiel meine Freundin Ulla. Seit einem Jahr ist sie auf der Suche nach dem Mann ihrer Träume. Und was eignet sich für diese Suche heute dafür besser als das Internet.

Also suchte Ulla sich vor einiger Zeit ein Dating-Portal aus. *Traumfrauen finden.* Gefunden hatte sie dann auch, nämlich den Thomas. Die beiden tauschten zwei Wochen lang online Mails aus und chatteten im Dating-Chatroom miteinander. Nachts kamen dann immer per SMS Verlaufsmeldungen vom Abend:

> *Tommy ist sooo süß, er sagt, er sei ein richtiger Morgenmuffel. Ist das nicht niedlich?*

> *Oder: Die Freundin vorher war 'ne echte Ego-Tussi. Tommy sagt, ich bin ganz anders, endlich versteht ihn eine total gut. Ich könnte ihn glatt schon heiraten.*

Dann eines Nachts kam:

> *So cool, wir haben unsere Handynummern ausgetauscht und wollen uns treffen. Ich habs doch gewusst, er hat sich in mich verliebt und ich mich auch in ihn.*

In dem Moment, in dem ich diese Meldung las, beschlich mich ein ungreifbares, sehr seltsames Gefühl und das sollte am nächsten Tag schon seine Berechtigung bekommen. Was war geschehen?

Ulla war wie immer um 6.15 Uhr aufgestanden und hatte rasch glücksschwanger noch vor der Morgentoilette um *6.20 Uhr* einen ersten Gruß an ihren neuen Liebsten abgeschickt:

> *Mein Süßer, habe heftig von dir geträumt … hihi … grins … Kuss … Sonnenbrille … will dir nur nach Ulla-Art einen ganz tollen Tommy-Tag wünschen. Freu mich auf heute Abend. HDGDL … Kuss … Kuss … grins … Herz … wink … Blume … Herz.*

Damit war Ullas Arbeitstag, wie sich später herausstellte, gelaufen.

Das Handy musste mit aufs Klo. Zähne putzen, auf Handy starren. *6.35 Uhr,* nichts. Anziehen, Handy gucken. *6.50 Uhr,* nichts. Dann war es *7.00 Uhr* und Ulla musste los ins Büro. Das Handy in der Halterung an der Autoscheibe schwieg eisern.

7.25 Uhr und noch nicht im Büro angekommen, beschlich Ulla ein seltsam ungutes Gefühl. Hatte sie gestern Abend im Chat etwas Falsches gesagt? War da bei der einen Antwort von Thomas nicht so ein komischer ‚Unterton‘? Warum schrieb er nicht zurück? Meinte er es doch nicht ernst?

Die arme Ulla erreichte völlig deprimiert das Büro und ohne jede Einleitung wurden die beiden Kolleginnen sofort zur Klärung der problematischen ‚warum antwortet Tommy nicht‘-Situation herangezogen. Da sich bis *8.25 Uhr* noch nichts auf Ullas Handy tat, hatten die drei

inzwischen festgestellt, dass Männer ja so unzuverlässig sind und dieser Thomas wahrscheinlich eine ganz andere liebte. So kam man dann
auch überein, den ersten warnenden Text zu verschicken:

> *Huhu, alles gut? Hast du mich schon vergessen? Typisch Mann …*
> *Schnute … grins … Kuss … Abgeschickt.*

Gearbeitet wurde in der nächsten Stunde wenig. Ullas Handy mutierte
zum 5-vor-12-Silvester-Countdown-Gefühlsüberträger. Gleich würde
was geschehen, gleich, Tommy überlegte wohl noch. Aber? Nichts passierte. War ja auch nicht Silvester. Sondern irgendein Morgen in einem
Büro mit einer langsam wütend werdenden Ulla und zwei gut auf-
gelegten Hobbypsychologinnen, die ordentlich Wutfutter nachlegten.
Das führte dazu, dass man sich mehr als einig war, nach der Kaffee-
pause um *9.45 Uhr* noch einen draufzulegen. Diesmal sollte es diesen
Thomas endlich aufrütteln:

> *Also, so hab ich mir das mit dir nicht vorgestellt. Wieso gibst du*
> *mir überhaupt deine Nummer, wenn du doch nicht schreiben*
> *willst? Kein Kuss, kein grins.*

10.00 Uhr und die drei Damen hatten den Kaffee gründlich auf. Ulla war
enttäuscht und böse. Das musste er noch mitgeteilt bekommen und
dann konnte er sie mal:

> *Thomas, ist schon gut. Mit 'nem Feigling hab ich eh nichts am Hut.*
> *Wahrscheinlich hat dich die Ego-Tussi heute Nacht noch bekehrt.*
> *Viel Glück.*

10.12 Uhr, Thomas wurde wach, heute war sein freier Tag. Schlaftrunken schaltete er sein Handy ein und achtete, noch nicht ganz wach, nicht auf die Reihenfolge der eingegangenen SMS. So las er:

> *Thomas ist schon gut. Mit 'nem Feigling hab ich eh nichts am Hut. Wahrscheinlich hat dich die Ego-Tussi heute Nacht noch bekehrt. Viel Glück. … Also, so hab ich mir das mit dir nicht vorgestellt. Wieso gibst du mir überhaupt deine Nummer, wenn du doch nicht schreiben willst? … Huhu? Alles gut? Hast du mich schon vergessen? Typisch Mann. Mein Süßer, habe heftig von dir geträumt … hihi … wollte dir nur auf Ulla Art einen ganz tollen Tommy-Tag wünschen. Freu mich auf heute Abend. HDGDL …*

Durch Thomas' Kopf schoss: Warum hab ich das nicht eher bemerkt, die ist ja total irre. Er schrieb zurück:

Ulla, du hast Recht. Gruß Thomas.

Ulla fühlte sich mit dem Ergebnis einmal mehr bestätigt, wie blöd doch Männer sind. Inzwischen hat sie aber ein neues Partnerportal im Internet gefunden, *Enttäuscht sucht Liebe.* Bei Ullas Selbstwert ist das Ergebnis jetzt schon vorprogrammiert.

Es wäre sicher empfehlenswerter, würde Ulla, anstatt aufs Neue die alten Fehler zu machen, erst einmal eine Weile bei sich schauen, was sie ändern kann. Beobachten, wie sie mit sich und anderen umgeht, erkennen, dass in ihr nicht alles rund läuft. Sobald Ulla sich bewusst auf den Wachstumsweg begeben würde, wäre absehbar sicherlich eine gesunde Beziehung durch gesunden Selbstwert denkbar.

Aber *wäre und würde* zeigt uns, Ulla ist noch nicht so weit. Sie geht einmal mehr den vermeintlich leichteren Weg. Ein Hinweis darauf, dass sie hofft, es kommt der Prinz und nimmt ihr die Wachstumsarbeit ab, indem er ihr alle Zweifel an der eigenen Person in bedingungsloser Hingabe ‚weg liebt‘. Das wird nichts.

Ursache macht Wirkung

W ir alle haben unterschiedliche Verhaltens- und Denkweisen, persönliche Problematiken, Erfahrungen und individuelle Kindheitserlebnisse. Wir kommen aus unterschiedlichen Ahnenreihen, zeigen zum Beispiel Ähnlichkeit mit dem Großvater oder weisen Verhaltensmuster auf, die uns selbst rätseln lassen.

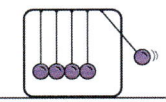

„Und genau hier setzt die Aussage ,Ursache macht Wirkung' an. Denn die eigenen Verhaltensmuster, die uns rätseln lassen, erscheinen uns nicht mehr seltsam, wenn wir begreifen, warum wir genau diese Muster leben. Wir können das Rätsel lösen! Wie oft haben wir schon jemanden sagen hören: Ich weiß auch nicht was mit mir los ist, ich kann einfach nicht NEIN sagen. Oder: Wenn mir jemand bei meiner Autofahrt die Vorfahrt nimmt, möchte ich dem Idioten gerne meine Meinung sagen. Dabei kann ich so wütend werden und weiß auch nicht warum. Beide Aussagen sind die Auswirkung einer ganz bestimmten Ursache. Natürlich können wir denken: Wenn mir jemand die Vorfahrt nimmt, habe ich sehr wohl eine Ursache um wütend zu sein. Oder: Wenn ein Anderer doch so viel stärker ist als ich, ist das doch die Ursache, warum ich mich nicht getraue NEIN zu sagen."

„Es wäre schlimm, wenn unsere Beispiele tatsächlich Ursachen und keine Auswirkungen wären. Denn an einer Auswirkung kann ich arbeiten. Bei einer Ursache bin ich im Augenblick machtlos. Ein zunächst statischer Zustand. Es ist eben so. Oben an einem Berg bricht plötzlich ein Vulkan aus, das hat eine Ursache, die bewirkt, dass Lavamassen ins Tal fließen. Am Vulkanausbruch kann ich im Moment leider nichts ändern, aber vor dem ins Tal fließenden Lavastrom kann ich mich, normalerweise, in Sicherheit bringen. Ursache macht Wirkung. Wir haben in unserer Vergangenheit an bestimmten Erfahrungen gelitten. Das schaffte Ursachen für spätere Auswirkungen. Diese Ursachen können wir heute nicht mehr ungeschehen machen. Aber an der daraus resultierenden Auswirkung auf unser heutiges Leben haben wir großartigerweise direkten Einfluss."

Wir alle sind Wesen aus Körper, Geist und Seele mit einem inneren System, das alle Erfahrungen wie ein Computer speichert. **Was auch immer in uns wirkt, es ist nicht das Ergebnis eines Zufallsgenerators, denn wir verhalten und fühlen uns nicht einfach irgendwie.** Vielmehr haben wir uns durch unsere Erfahrungen und unsere Veranlagungen zu dem entwickelt, wer wir heute sind.

Ein guter Selbstwert und ungetrübtes Gottvertrauen in die Welt haben genauso ihre Ursachen wie zum Beispiel Selbstzweifel, Ängste und schwer kontrollierbare Wut. Aus dem, was wir in der Kindheit über Jahre immer wieder erlebt haben, positiv wie negativ, ist im Laufe der Zeit ein festes Muster geworden, ein Gewohnheitsmuster.

Dass jedes Verhalten Gründe und Ursachen hat, ist eine Tatsache, die trösten kann, unabhängig davon, wie sehr es uns leiden lässt. Ich erkenne und bearbeite und bin nicht hilflos einem ungreifbaren Gefühlsphantom ausgeliefert:

> Ich habe für mein Fühlen und Denken eine Ursache.
>
> Ich erkenne, dass meine Erfahrungen aus meiner Vergangenheit der Grund sind.
>
> Ich reflektiere, kann in Worte fassen, was in meinem Leben bisher geschehen ist und übersetze das Ergebnis auf meine heutige Problematik.

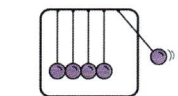

> Ich weiß dann, was ich heute bearbeiten und verändern muss und werde so meine Gewohnheitsmuster auflösen.
>
> Ich kann handeln und etwas bewegen, was mich frei macht.
>
> Ich habe durchaus die Chance auf ein besseres Leben.

Im folgenden Kapitel wird der Zusammenhang von Ursache und Wirkung mithilfe eines Gleichnisses noch verständlicher.

Der kristallklare See

Weit zurück, in unserer Kindheit, finden wir den Anfang, als unser Verhalten erlernt, geprägt und entsprechend gelebt wurde. Wir alle waren einmal Kinder und haben ganz unterschiedliche Lebenserfahrungen gemacht, das hat uns geformt. Jeder Mangel und jede Angst hat eine Ursache. Niemand zeigt Verhaltensweisen ganz zufällig und ohne Grund.

Es gibt einen Anfang, die Ursache, die so viel Wirkung im späteren Leben hat, wenn es um Denken, Fühlen und Handeln geht.

Wir stellen uns einmal folgendes vor:

Wenn ein Kind geboren wird, bringt es viele schöne Talente und Persönlichkeitsmerkmale mit auf diese Welt. Seine kleine Seele gleicht einem kristallklaren See, der weit oben zwischen Bergen ruht. Am Grund dieses Bergsees schimmern die wunderschönsten unterschiedlichen Edelsteine in allen Farben. Dieser kristallklare See mit den wertvollen Steinen am Boden ist das passende Bild für die heile Seele mit vielen schönen Wesensanteilen und Begabungen eines Kindes.

Wir stellen uns weiter vor:

Schmetterlinge und fröhliche Vöglein umfliegen den See. Immer wieder fließt aus einer unendlichen Quelle neues, kristallklares Wasser nach. Dieses Quellwasser lässt die Edelsteine am Grund immer mehr leuchten und glänzen! Im Laufe der Zeit wachsen die allerschönsten Blumen um den See und Bäume an seinem Ufer gedeihen prächtig! Es ist ein erfüllendes Bild, diesen See in seiner vollkommenen Schönheit zu betrachten.

Was möchte dieses Bild mitteilen?

Der klare Bergsee steht als Symbol für unsere Seele bei der Geburt.

Die vielen wertvollen Edelsteine am Grund verkörpern bei diesem Bild unsere Stärken, Fähigkeiten, Werte und Talente.

Schmetterlinge, Vöglein und nicht zuletzt die Sonne versinnbildlichen Ereignisse in unserem Leben, die uns beeinflussen.

Die Quelle ist dabei die nie versiegende Liebe unserer Eltern und Menschen in unserem kindlichen Umfeld.

Blumen und Bäume repräsentieren das, was aus unserem Leben wird. Dazu gehört gesundes Wachstum, Stärke entwickeln und langsam zu immer mehr innerer und äußerer Kraft und Ausstrahlung erblühen.

Dieses wunderbare Bild beschreibt in seiner Übersetzung das Leben einer ganz glücklichen Kindheit.

Der klare Bergsee, das Bild einer unverletzten, freien Seele.

Die vielen Edelsteine an seinem Grund glänzen und strahlen aus dem See heraus. Alle Talente, Stärken, Fähigkeiten sind gut sichtbar und unverdeckt!

So ein Kind hat das große Glück, dass im Laufe seiner Kindheit immer wieder kristallklares Wasser in seinen Bergsee fließt. Dieses klare Wasser heißt Anerkennung, Achtung, wichtig sein, Verständnis finden und einfach bedingungslos geliebt zu werden. Dieser Bergsee wird nicht oder nur unwesentlich verschmutzt. Alle Fähigkeiten und Talente bleiben klar und sichtbar. Das Kind wird später einmal ein Erwachsener sein, der um seine vielen Talente und Möglichkeiten weiß! Er kann sie ja sehen und fühlen und damit auch leben!

Alles wurde in der Kindheit gut gepflegt. Es gab immer wieder Unterstützung von den Eltern und dem Umfeld. Dies ist das Bild einer idealen Kindheit.

Das reale Bild des Lebens sieht leider oft anders aus.

Es gibt einen Anfang und hier die Ursache zum späteren:

Was ist los mit mir?

Als wir geboren wurden, war unsere Seele gleich einem kristallklaren, reinen Bergsee! Der Boden dieses wunderschönen Sees war bedeckt mit wertvollen, schönen Edelsteinen in allen Farben!

Aber dann kann es leider auch anders weiter gehen:

Wir sehen einen wunderschönen, klaren Bergsee. An seinem Grund glänzen die herrlichsten Edelsteine in allen Farben. Gar nicht lange und es ziehen graue Wolken am Himmel auf. Es wird kalt über dem See. Die Sonne hat keine Chance, durch die grauen Wolken zu gelangen. Stattdessen spült der Regen immer wieder Lehm und Schlamm in den Bergsee.

Die Edelsteine am Grund des Sees sind immer weniger und bald gar nicht mehr sichtbar.

Eine graue Masse bedeckt den Boden des Sees und rund um den See ist es recht karg und staubig, es blüht und gedeiht nicht viel.

Dieses weniger schöne Bild erklärt, wie es im Leben zu verschiedensten Persönlichkeitsstörungen, Leiden und späteren Blockaden kommen kann.

Der klare Bergsee ist hierbei wieder das Bild unserer reinen Seele bei der Geburt.

Die vielen, wertvollen Edelsteine am Grund glänzen in allen Farben. Stärken, Fähigkeiten und Talente sind durchaus vorhanden.

Wenn dann aber aus grauen Wolken Schlammtropfen abregnen, die diese wunderbaren Edelsteine bedecken, entsteht im Laufe der Zeit ein grauer See, dessen Grund komplett verdeckt ist. Jetzt sind keine Edelsteine mehr zu sehen.

Diese grauen Schlammtropfen sind bildhaft übersetzt Eltern, die nicht voller Liebe und Verständnis handeln, sondern durch eigene Erfahrungen und Erlebnisse zu falschen Denk- und Handlungsweisen gekommen sind. Sie strafen, sind unfair, missachten und verletzen ihr Kind.

Im Laufe der Kindheit wird leider aus der verschmutzten Quelle immer mehr Schlamm in den Bergsee gelangen. Wenn diese Eltern nicht irgendwann reflektieren, erkennen wie ungerecht sie sich verhalten, wird ein solches Kind als Erwachsener seine Talente und Fähigkeiten, seine Stärken und Kräfte kaum oder vielleicht auch gar nicht wahrnehmen.

Wie auch! Dann schlummern in ihm wunderschöne Edelsteine, aber unerkannt und unvermutet. Es entsteht ein Selbstbildnis aus Erlerntem und Erfahrenem, das der realen Wahrheit nicht entspricht, weil der Schlamm auf dem Bergseeboden zu dicht ist!

Man kann sich gut vorstellen, dass ein Kind, welches nur selten oder nie gelobt wird, sondern im Gegenteil kritisiert, verurteilt, ungerecht gestraft und ständig angemeckert wird, gar nicht zu seiner wahren Größe finden kann. Wie auch. Wenn ein Kind ständig von den wichtigsten Personen in seinem Leben wiederholt unschön behandelt wird, dann lernt dieses Kind ganz automatisch: Ich bin nicht okay, ich mache alles falsch, ich bin eine Belastung für meine Eltern, ich bin nicht schlau und nicht wichtig.

Wie soll aus solchen Konditionierungen, aus solchen immer tiefer greifenden Erfahrungen, das Lebensmuster eines starken und erfolgreichen Optimisten werden?

Selbstwertmangel und Unsicherheiten entstehen, weil ein Kind das, was ihm durch Eltern geschieht, nicht objektiv beurteilen und somit auch nicht entlarven und wieder auflösen kann.

Die ersten und sehr langfristig wirksamen Lebensmuster werden so geprägt. Können diese Programme lange unerkannt wirken, werden sie zu Gewohnheitsmustern, die später den Alltag des Erwachsenen stark beeinträchtigen können.

Deshalb ist es wichtig, sehr wichtig, zu wissen, dass niemand als Opfer seiner Kindheit gefangen bleiben muss. Niemand muss die unschönen Lebensgefühle und Gewohnheitsmuster ein Leben lang tragen. Denn was wir erfahren haben ist, dass der Schlamm auf unserem Bergsee zu uns gekommen ist, aber nicht aus unserem eigenen Ursprung!

Das, was nicht zu uns gehört, können wir somit auch wieder abgeben. Das ist eine ganz wichtige Erkenntnis:

Was ich erfahren habe, muss ich nicht auf Dauer leben!

Gottlob ist es nie zu spät für eine schöne Kindheit. Wenn du magst, male und gestalte deinen eigenen wunderschönen Bergsee, zum Beispiel ganz real und kreativ auf einem DIN-A4-Blatt.

Sollte viel in diesen Bergsee gefallen sein und dir ist es noch wichtig, das deutlich zu machen, dann könntest du zum Beispiel auf kleine Kärtchen schreiben, was dich in deiner Kindheit hat leiden lassen. Danach klebst du vielleicht die Kärtchen an oder um deinen See herum.

Im Laufe unseres Buches wirst du immer freier werden und weiterkommen und entsprechend werden die Kärtchen um deinen Bergsee nicht mehr notwendig sein.

Hebe dein Kunstwerk gut auf!

Ein schönes Ritual zu diesen Gedanken:

Kaufe dir ein paar Bergkristalle. Das sind Edelsteine, die in ihrer glas-klaren und strahlenden Erscheinung sehr an unsere inneren Kristalle erinnern. Trage sie im Bewusstsein an dein Wachstum bei dir oder dekoriere mit ihnen nach deinem Geschmack eine Stelle, die du oft im Blick hast. Werde dir beim Anblick der Bergkristalle immer wieder deines inneren Reichtums gewahr.

Passend zum Gleichnis vom Bergsee die Geschichte von Anna.

Anna

Als Anna sieben Jahre alt war, hatte sie schon ganz wichtige Dinge ‚gelernt':

Erwachsenen widerspricht man nicht! Mama wird krank, wenn ich in meinem Kinderzimmer nicht ihre Ordnung einhalte! Wenn ich etwas falsch gemacht habe, wird mich Papa, wenn er abends heimkommt, bestrafen.

Sie hatte auch schon ‚gelernt':

Das kannst Du nicht! Dafür bist Du zu klein! Du bist tollpatschig! Du nervst! Du bist nicht dran!

Und da all das sich täglich wiederholte, lernte Anna, dass es im Leben nicht um sie ging, sondern um das Wohlergehen von Mama und Papa und den anderen Erwachsenen in ihrer Welt.

So wuchs sie zu einer netten, stets höflichen jungen Frau heran.

‚Gut erzogen' widersprach sie auch jetzt niemandem. Lieber steckte sie in schwierigen Situationen zurück und fügte sich. Es war ja alles gut so.

Als Anna 20 Jahre alt war, lernte sie einen, wie sie fand, total tollen Mann kennen. Dass er große Ähnlichkeiten mit ihrer Mutter hatte, bemerkte sie nicht. Sie hatte ihn einfach wegen einem sehr vertrauten Gefühl gewählt. Sie heirateten und der Mann übernahm die Rolle der Mutter. Er kontrollierte sie, wusste stets alles und das natürlich auch besser, erwartete große Aufmerksamkeit, und wenn Anna gestraft werden musste, schwieg er einfach.

Anna war in ihrer Kindheit gut ‚erzogen‘ worden, sie hatte viel gelernt, also fügte sie sich. Stets versuchte sie, es dem Mann möglichst recht zu machen, in der Hoffnung, dann besser behandelt zu werden. Leider war das Gegenteil der Fall. Umso mehr Anna sich bemühte, desto strenger und fordernder wurde ihr Mann. Trotzdem hatte alles auf sonderbare Weise so seine Ordnung, und eine lange Zeit ging es auch gut.

Doch eines Tages, Anna war gerade 31 Jahre alt geworden, vermutete sie, krank zu sein. Großes Unwohlsein befiel sie. Im Hals drückte ein Kloß, das Herz tat weh, der Rücken auch. Manchmal blieb ihr die Luft einfach weg und im Kopf war sie ganz benommen. Oft wurde ihr auch schwindelig oder übel. Dann diese komische Angst, was sollte das?

Die Angst kam zunächst total überraschend, was furchtbar war. Später kam Angst vor der Angst hinzu, es wurde immer schlimmer. Ihr Mann verstand das nicht. Es war kein gutes Gefühl für ihn. Nun war seine Frau auch noch krank geworden. So schickte er Anna zum Arzt. Der Doktor war sehr gründlich, untersuchte sie von Kopf bis Fuß und machte ein EKG und EEG, GOT, MCV, MCH, SPD, GEZ und VHS. Die Ergebnisse sollte es am Freitag geben. Gottlob, es war alles ohne Befund, alles okay. Anna war zunächst sehr froh. Leider hielt das nur ein paar Tage an, dann kamen die Symptome wieder.

Nun wurde Annas Mann recht ungemütlich. Seine Frau ein Hypochonder! Das wollte Anna nicht sein. So bemühte sie sich, so gut sie noch konnte, aber es ging ihr zunehmend schlechter.

So ging es doch nicht mehr weiter. Große Hilflosigkeit machte sich breit. Anna verhielt sich so merkwürdig. Oft zitterte sie, hatte keine Lust zu essen und dann diese absurde Angst, das Haus zu verlassen, Bedenken, einkaufen zu gehen. Weder in der Schlange an einer Kasse noch zwischen Menschen auf dem Wochenmarkt konnte sich Anna aufhalten. Das war doch nicht normal. Zur Hilflosigkeit kam bei Annas Mann nun immer deutlicher genervte Ungeduld hinzu. Sie war doch gesund, was sollte das also? Und obendrein, wenn er sie auf ihr seltsames Verhalten hinwies, schien es Anna den Rest des Tages noch schlechter zu gehen. Jetzt sprach sie kaum noch. Da beschloss ihr Mann gemeinsam mit ihren Eltern, Anna in die Psychiatrie einzuweisen. Auch Anna wusste keinen Rat und stimmte voller Angst und Verzweiflung zu.

In der Nacht vor der Einweisung schlief sie gar nicht. Eine Weile versuchte sie, sich durch den ruhigen Atem des schlafenden Mannes neben ihr etwas zu beruhigen, aber es wurde immer schlimmer. Da stand sie langsam auf, nahm alle Kraft zusammen und verließ das Haus. Sie lief einfach, lief … Regnete es? War es kalt? War es warm? Gab es einen Mond? War der Himmel sternenklar? Anna lief nur, lief, als könne sie der Zeit entrinnen.

Irgendwann, die Nacht ging auf den Morgen zu, erreichte Anna den See am Rande der Stadt. Ohne zu zögern, lief sie auf den Bootssteg hinaus. Die Holzbalken knarrten leise unter ihren Schritten. Kleine Wasserwellen plätscherten ans Wiesenufer. Schwäne und Enten schliefen noch, die Köpfe im Gefieder verborgen. Anna stand am Ende des Stegs und blickte in den schwarzen See. Das Wasser war sicher kalt und der See war sicher auch so tief, dass man in ihm nicht mehr stehen konnte. Der Wind blies zarte Wellen über den See, Anna wankte. Sie holte tief Luft und … setzte sich an den Rand des Stegs.

Jetzt in diesem Augenblick nahm sie sich das erste Mal seit langem wieder wahr. Es war so herrlich ruhig hier, so friedlich, so ohne alle Forderungen, so einfach, so zeitlos gut.

Ein leises Plätschern, ein weicher Wind, die ersten zaghaften Gesänge eines frühen Vogels und ein etwas müder Vollmond, der sich im Wasser spiegelte. Bald würde er hinter dem Horizont schlafen gehen. Anna schaute aufs Wasser und beobachtete, wie der Mond auf den kleinen Wellen tanzte. Sie lächelte. Ihr erstes Lächeln seit …? Sie wusste es nicht, aber es tat gut. Es tat so gut, hier zu sein. In Anna breitete sich warmer, stiller Frieden aus. Es wurde weich in ihr und zum ersten Mal seit langem konnte Anna sich spüren.

Fühlen, dass es einfach gut war hier zu sein.

Nach einer Weile geborgenen Friedens vernahm Anna eine schöne weibliche Stimme:

> *„Anna schau, Dein Spiegelbild im Wasser. Siehst Du dich?"*

Anna beugte sich vorsichtig vor und sah ihr Gesicht sich auf dem Wasser im Mondlicht spiegeln.

> *„Ich bin es, Deine Seele! Ach Anna, ich bin so unendlich froh, dass Du doch noch zu mir gefunden hast. Wie oft habe ich gerufen, gewarnt, gehofft, Du hörst mich. Am Ende musste ich leider heftig an Dir rütteln. So konnte es doch mit uns nicht weitergehen. Wunderschöne Anna, Du hattest nicht die Kraft uns zu verteidigen. Es tat so weh, als dein Kindheitsglanz immer wieder beschmutzt wurde. Du hast es gefühlt, konntest es aber nicht denken. Wie auch? Ach Anna, ich bin so unendlich froh, dass Du dich entdeckt hast. DICH, die wichtige, wertvolle Anna.*
>
> *Bitte lass Dich ab heute zu. Ich werde Dir helfen zu lernen, was Du brauchst, um glücklich zu sein. Ich werde Dir beistehen, wenn Du übst, Dich zu achten und den Mut wachsen lässt, von anderen Respekt vor Dir zu erwarten. Ach Anna, ich bin so unendlich froh! Wir haben es geschafft und sind endlich wieder beieinander. Ab heute fängt DEIN Leben an. Du hast sehr viel gelitten, ausge-*

halten, in Demut ertragen. Du hast hohe Qualität lieben zu kön-
nen. Liebe Dich, liebe die Menschen. Aber bitte achte darauf, dass
andere auch Dich respektieren und gut behandeln.

Wir beide haben genug gelitten. Bitte nimm Deinen Platz in dieser
Welt jetzt ein. Er war bisher fremdbesetzt. Aber es ist Dein Platz.
Nur für Dich eingerichtet. Breite Dich aus und sei zu Hause in
Deinem Leben.

Fülle Deine Zeit mit der wertvollen Anna-Person. Der Himmel
freut sich dann von Herzen mit mir, Deiner Seele. Anna, lass Dich
zu. Du bist so wertvoll und genau richtig."

Die leise Stimme war nun still. Anna blickte auf und sah den Mond
am Horizont versinken. Im Osten des Sees ging die in warmem orange
gefärbte, wunderschönste Sonne auf, die Anna jemals gesehen hatte.
Ringsum in den Bäumen erwachte eine große Vogelschar mit wunder-
barem Gesang. Anna sog den neuen Tag mit tiefen Atemzügen dankbar ein. Sie umarmte den See, sie umarmte die langsam aufgehende Sonne, umarmte sich und den Himmel. Und aufgeladen von der
Zuversicht, glücklich sein zu dürfen, stand sie auf und ging IHREM
Tag entgegen. Sie wusste, es wird ein längerer Weg sein, aber ab heute
wollte Anna leben.

Was sagt uns Annas Geschichte?

Anna, ein ganz lieber, toller Mensch. Wie konnte es geschehen, dass sie sich nie wehrte und sich in ihrer Partnerschaft total unterdrücken ließ? Und es obendrein auch noch irgendwie in Ordnung fand. Immer hatte sie die Rechte anderer vor die eigenen gesetzt. Deshalb konnte sie sich auch nicht abgrenzen, nicht nein sagen.

Anna, voller Liebe für ihre Mitmenschen, ohne jemals erkannt zu haben, dass sie genauso Mensch ist. Das klingt sehr seltsam, ich weiß. Aber Anna war Funktionsorgan für andere, bis sie sich, geborgen in der Stille der nichts fordernder Vollmondnacht, entdeckte Das erste Mal in ihrem Leben vernahm sie das Rufen ihrer Seele.

All diese unangenehmen, angsterfüllenden Gefühle zuvor waren nichts anderes als das Rebellieren ihrer Seele, weil sich Anna Tag für Tag durch Missachtung der eigenen Person verletzte.

Sie hatte in ihrer Kindheit gelernt, nicht wichtig zu sein. Ihre Mutter zeigte ihr keine Anerkennung und anstatt zu loben, gab es in Annas Kindheit immer wieder nur Kritik und Korrektur. Wie sollte sich Anna da ihrer wirklichen Persönlichkeit bewusst werden? Nie hatte sie erfahren, ein geliebtes Kind zu sein. So fühlte sie sich falsch und schuldig. Um ihrer selbst geliebt zu werden, war für Anna nicht vorstellbar. Nur für Leistung, glaubte sie, eventuell gemocht zu werden. Die erwachsene Anna konnte dann nicht erkennen, dass sie immer noch in ihrem Kinderprogramm feststeckte. Das Gewohnheitsmuster hatte sie über viele Jahre wie selbstverständlich begleitet.

Dann war da ihr Mann, er war ganz anders. Auch bei ihm wirkte noch ein altes Muster. In seiner Kindheit erfuhr er zum einen, wie sein Vater achtlos mit der Mutter umging, zum anderen war auch sein Vater ihm gegenüber launisch und unfair. Daraus entwickelte sich bei Annas Mann unreflektierte Imitation des Vaterverhaltens, wenn es um Frauen ging. Noch heute hatte er das Gefühl, nicht genügend Beachtung und Respekt zu erhalten. Auch Annas Mann erkannte als Erwachsener absolut nicht, dass er noch aus seinem Kindheitsprogramm heraus handelte, deshalb war es für ihn äußerst wichtig, Anna zu leiten, sie zu kontrollieren, ihr Leben im Griff zu haben. Es gab ihm das gute Gefühl und die Sicherheit, etwas Besonderes zu sein. Wenn Anna stets handelte, wie er es für richtig hielt, war sein zweifelhaftes Selbstwertgefühl im Gleichgewicht.

Er brauchte jemanden, der ihn mächtig sein ließ, weil er nicht die Fähigkeit besaß, aus sich selbst heraus Würde und Achtung für die eigene Person zu entwickeln.

An unserem Beispiel wird sehr deutlich, welche Auswirkungen es hat, wenn Erfahrungen aus der Kindheit, die sich inzwischen zu Gewohnheitsmustern entwickelt haben, unreflektiert aufeinanderstoßen. Solche Partner leben dann beide aus ihrem inneren Programm heraus. Das muss zwangsläufig zu Problemen führen. Wo zwei Annatypen im Miteinander recht friedlich leben könnten, da kämen dann die Verletzungen von außen.

Aber egal ob der eigene Charakter dem von Anna ähnelt oder eher dem ihres Mannes, auf jeden Fall braucht das wirkende Kindheitsprogramm, wenn wir uns nicht ganz in unserer Mitte fühlen, dringend Überarbeitung.

Tränen wollen geweint werden

Befassen wir uns mit Ursachen aus unserer Vergangenheit, besonders aus der Kindheit, und mit den entsprechenden Auswirkungen heute, ist es völlig normal, dass wir traurig werden. Wenn wir als Kinder Situationen erlebten, die gelinde gesagt unschön waren, egal in welcher Form, dann haben wir wieder und wieder traurig und verzweifelt sein in uns gestaut.

Kinder können keine Grenzen gegen Eltern setzen. Alles was sie erleben, nehmen sie in der Kindheit ungefiltert, ohne Schutz, auf. Eltern sind die ersten und wichtigsten Menschen im Leben eines Kindes, egal was geschieht

Wenn wir uns einmal vorstellen, ein Kind erlebt in seinem Alltag wiederholt Situationen in Wort und Tat, die es traurig und verzweifelt machen, dann können wir gut nachvollziehen, wie es in diesem Kind aussieht.

Kinder haben selten die Chance, ihre unguten Gefühle direkt wieder herauszubrüllen, zu weinen oder sich erfolgreich zu verteidigen. Was passiert? **Gefühle, die einen leiden lassen, werden wie in einem Archiv eingelagert**. Ständig kommen neue unschöne Erfahrungen dazu. Es kann nicht ungestraft entladen werden, also staut das Kind immer mehr Negatives in sich.

Im Gleichnis vom Bergsee ist der Schlamm auf den wunderschönen Kristallen genau das, was sich als belastendes Gefühl in dem Kind ansammelt.

Macht nun ein Kind schmerzliche Erfahrungen in ähnlicher Weise immer wieder, entstehen in ihm dazu passende Muster. Über lange Zeit gelebt, werden sie zu Gewohnheitsmustern.

Wir können uns gut vorstellen, wie es dem Erwachsenen mit diesen Mustern im Inneren ergehen muss. Da schleppt jemand gespeicherte alte Gefühle wie unnützen Ballast mit sich herum. Wo bleiben die vielen ungeweinten Tränen, die Wut, die Hilflosigkeit aus der Kindheit? Alles hat sich über Jahre im System immer mehr verfestigt. Solange uns das nicht bewusst wird, leben wir mit der Verdrängung vielleicht recht gut. Wenn die Zeit aber reif ist, sprich, die Seele den alten Gefühlsballast loswerden will, dann öffnet sich etwas in uns. Die archivierten Erfahrungen kommen in Bewegung und machen sich bemerkbar.

Jetzt spüren wir ganz deutlich, dass da etwas mit uns passiert. Dann ist der Zeitpunkt gekommen, dass wir endlich, endlich unsere Kindheitsgefühle wahrnehmen können. Schleusen öffnen sich und in uns breitet sich ein seltsames Gefühl aus. Wir weinen und können zuweilen gar nicht mehr damit aufhören … und das ist völlig in Ordnung.

Mit unseren Tränen weichen nach und nach alte, verkrustete und eingekapselte Gefühle auf. Lange ertragener Druck kann endlich entweichen. Niemand sollte sich dann seiner Tränen schämen, sie sind das

Zeichen der Seelenbewegung und gleichen einem Dammbruch nach langer Zeit der Gewohnheitsmuster.

Da weint das Kind in uns seine Kindheitstränen. Wenn dir so etwas auch geschieht und du genau das kennst, nimm dein inneres Kind mental in deine Arme und halte es fest. Sei dann nicht streng mit dir, das waren andere schon, sondern lasse zu. Stell dir dein Weinen wie eine große Reinigung vor, mit den Tränen fließen viele Schlacken heraus. Der Schlamm auf deinen wunderschönen Kristallen am Grund deines Seelenbergsees wird abgewaschen.

Gib dir Zeit, einmal so ein bisschen weinen wird nicht reichen. So etwas kommt meist in Schüben. Zunächst heftig, doch im Laufe der Zeit wird es leichter. ‚Gönn‘ dir deine Traurigkeit und versuche, nichts zu verdrängen. Mache dir vor allem klar, dass es Tränen der Reinigung, der Veränderung und Befreiung sind, nicht die Tränen eines armen, hilflosen Opfers. Damit würden wir uns in eine sinnbildliche Grube setzen, aus der wir nicht entkommen können. Wir sind aber keine hilflosen Opfer! Wir haben erlebt und vielleicht gelitten, aber jetzt können wir eigenverantwortlich für uns sorgen und das heilen, was uns früher hat leiden lassen.

Pflege die Momente deines inneren Kindes, wenn es weinen muss. Wird es dann ruhiger in dir, verwöhne dich mit leckerem Essen oder Trinken. Mache es dir gemütlich, warm und harmonisch. Ideal ist in solchen Zeiten, auf kritische Filme und anstrengende Auseinandersetzungen zu verzichten. Je weniger fordernde Außenablenkungen da sind, desto intensiver kann es in dir arbeiten.

Es geht bei den Tränen, die geweint werden wollen, nicht um Situationen des Alltags, die traurig gemacht haben. Das ist etwas anderes. Hier ist traurig werden beim Erinnern und Bearbeiten der Kindheit gemeint. Auch die Texte in unserem Buch, das Sichbefassen mit der Selbstannahme, das Entwickeln des Selbstwertes, all das kann Tränen aus der Kinderzeit hochholen.

Sei dann sanft mit dir ohne dich als Opfer in einer aussichtslosen Situation festzulegen Wachstumszeit ist immer Leidenszeit, ohne das kommen wir nicht in Bewegung. Aber es ist vielleicht die wichtigste Wandlungszeit in deinem Leben.

Eine schöne Vision die heilen hilft: Stell dir vor, du sitzt an einem Wiesenrand auf einer alten Bank. Es ist warm, aber nicht zu warm. Leiser Wind ist fühlbar und tut gut. Vor dir breitet sich eine sehr große und sehr grüne Wiese aus. Die Sonne scheint weich auf die große, grüne Fläche vor dir. Du sitzt auf deiner Bank, still in Kindheitstrauer versunken und merkst, wie immer mehr Tränen aus dir hinausrollen. Du weißt um diese Tränen und lässt zu, dass sie jetzt ihre Zeit und ihren Raum haben dürfen! Du beobachtest wie deine Tränen hinunter kullern auf die Wiese. Immer mehr Tränen benetzen das Gras um dich herum. Deine Tränen fließen und breiten sich langsam auf der grünen Wiese aus. Du sitzt, du weinst und es fließt aus dir hinaus. Das geht eine gute Weile so. Doch plötzlich geschieht etwas ganz Sonderbares, ganz

Schönes. Überall da, wo deine Tränen die weite Wiese benetzt haben, wachsen jetzt auf einmal immer und immer mehr goldene, leuchtende Blumen. Du schaust und staunst und spürst, wie es leichter und heller in dir wird. Du kannst spüren, dass das goldene Blumenfeld mit dir zu tun hat. Dass es ‚deine' goldenen Blumen sind, die da leuchten. Und umso länger du dein goldenes Blumenbild betrachtest, desto klarer wird dir: Es hat mit meiner Seele zu tun. Die Tränen haben meine Seele frei gewaschen, so, dass ihr Leuchten wieder sichtbar wird. Und jetzt kann ich es außen sehen und innen langsam aber sicher immer mehr spüren. Mit diesem guten Gefühl kannst du nun auch den besonderen Blumenduft, der über der ganzen Wiese schwebt, wahrnehmen …

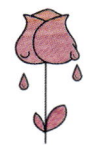

Du hast mit deinen Tränen deine innere Lebenswiese in strahlendes Gold mit zartem Duft verwandelt!

Nicht nur Tränen sind ein normaler Seelenvorgang beim Verändern blockierender Gewohnheits-, Kindheitsmuster. Gar nicht selten kommt nach der Trauer die Wut.

Wut kommt hoch

Das Sichbefassen mit Gedanken und Erinnerungen unschöner Situationen aus der Kindheit kann zu Beginn auch viel Wut freisetzen. Gib dieser Wut Raum und Berechtigung. Zu erkennen, was einem als Kind Ungerechtes geschehen ist, holt auch alte, meist eingekapselte Wut nach oben.

Bevor wir die Heilung unseres Wesens angehen können, muss zuvor vieles gereinigt werden. So macht es Sinn, eine bewusste Seelenreinigung über Wut und Tränen zuzulassen. Auf eine schmutzige Wunde würden wir ja auch niemals nur ein Pflaster kleben, noch bevor wir die Wunde gereinigt haben.

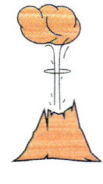

Viele werden nun denken, Wut zuzulassen sei nicht leicht. In der Kindheit war kein Raum für solche Gefühle. Ausbrüche wurden unterbunden oder waren mit Schuld behaftet. Hätte jedoch ein betroffenes Kind seine Gefühle frei äußern dürfen, käme es auch im späteren Leben nicht zur Wut tief im Inneren. Wut ist stets ein gestautes Gefühl, das sich durch erlebtes Unrecht auf der Seele verankert hat und heute viele Denk- und Verhaltensweisen bestimmt. Das Dumme ist, dass diese Wut jederzeit kurz aufflammen und ungerecht Andere treffen kann. Deshalb sollten wir uns eingekapselter Wut stellen und etwas verändern.

Sich seiner Wut zu stellen heißt aber nicht, den Eltern oder anderen Verursachern aus der Kindheit mal so richtig zu zeigen, wo der Hammer hängt. Auf Personen gerichtete Wut erzeugt verständlicherweise fast immer Gegenaggressionen. Es entsteht ein Kampf statt einer Lösung. Es ist übrigens auch keine gute Idee zu denken: „Meine Eltern können mich mal, mit ihnen habe ich nichts mehr zu tun und ich rede nie wieder mit ihnen."

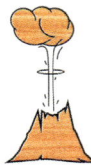

Das ist eine zwar negative, aber durchaus feste Bindung in Wut. Wir haben dann nur verdrängt aber nicht aufgelöst.

Sind noch Zweifel aus alten, anerzogenen Schuldgefühlen da und du wagst kaum, diese heftigen Gefühle anzusehen, dann stelle dir das Folgende vor:

Du besitzt einen wunderschönen Blumengarten. Prächtige Rosen, Margeriten, Lavendelbüsche, verschiedenste Blumen mit herrlichem Duft gedeihen hier und erfreuen dich. Eines Tages kommt der Nachbar und setzt überall heimlich Dornensträucher und Disteln dazwischen. Wirst du denken: „Das ist ganz okay", oder ist dir nicht viel eher danach, diese Sträucher auszureißen und dem Nachbarn mit Wucht auf sein eigenes Gelände zu schmeißen? Unverschämt, was sich dieser Nachbar da erlaubt hat!

In unserer Kindheit kann es eben auch vorkommen, dass Vater oder Mutter Disteln ins kindliche Blumenbeet säen, die müssen spätestens jetzt wieder heraus. Wir haben hier das gleiche Bild wie bei unserer

Trauer, nur das Gefühl ist deutlich anders: Wenn ich als Kind längere Zeit ungerecht behandelt werde, bildet sich automatisch Wut in mir, umso stärker, je weniger ich die Möglichkeit habe, meine Wut durch Widerstand zu entladen. Staut sich dieses drückende Gefühl über Jahre ohne jedes Ventil zur Ableitung, dann wird sich Wut einkapseln.

Tief in meinem Inneren sitzt dann ein gut verpacktes Wutpaket, das, wenn ich erwachsen bin, mein Denken, Fühlen und Handeln das stetig Einfluss ausübt. Es gehört auch zu dem Seelenschlamm, der störend auf den Edelsteinen meines inneren Bergsees klebt.

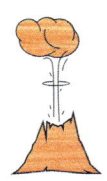

Was wir nicht bearbeitet haben, gleicht einem Geschwür, das in der Tiefe eine ganze Weile ruht, aber jederzeit aufbrechen kann. Deshalb ist es so wichtig, das eingekapselte Wutpaket zu entdecken und mutig zu öffnen, damit sich die Wut entladen kann. Das mag zunächst einem Vulkanausbruch ähneln, weil der gespeicherte Druck so groß ist. Dann brauchst du etwas Kraft, um loszulassen. Die Erkenntnis: „Ich bin nicht die Wut, sie ist in der Vergangenheit durch Missachtung in mich hinein gekommen" hilft, sie wieder abzugeben.

Am Anfang deiner Wutbearbeitung ist, wie bei den geweinten Tränen, das was aus dir herausbricht, sehr heftig. Wo wir unserer Trauer sehr sanft und liebevoll begegnen sollten, braucht es für die Wutausleitung zu Beginn grobe ‚Werkzeuge'.

Ein Boxsack mag für viele am Anfang ideal sein. Genauso wie ein mit Sand gefüllter Kartoffelsack, auf den ungehemmt eingedroschen werden kann.

Es hilft, sich rücklings auf das Bett zu legen und mit gestreckten Beinen abwechselnd auf die Matratze einzuschlagen. Danach das gleiche mit zu Fäusten geballten Händen und ausgestreckten Armen. Was auf grobe Weise in uns hinein gekommen ist, kann zunächst auch nur so wieder entladen werden.

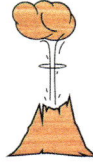

Wir können uns zur Ausleitung von Wut ein Wutbuch zulegen. Dort hinein schreiben wir alles, was uns spontan in den Kopf kommt: Anschuldigungen, Beschimpfungen. Hier können wir so richtig ausholen ohne jede Selbstzensur. Schreibend entladen hilft dabei, Druck abzubauen. Vielleicht müssen wir das eine Zeit lang wiederholen, aber in absehbarer Zeit wird es weniger und leichter werden. Am Ende fühlt man sich deutlich befreit.

Wut ist keine feine Energie und hat immer mit Selbstverletzung zu tun. Um diese Wut loszuwerden, macht es deshalb auch keinen Sinn zu denken: „Okay, ab heute bleibe ich total gelassen." Was grob ist, kann man am besten auch grob rauslassen.

Wut rausschreien, dann, wenn man alleine irgendwo ist. Das Wichtigste bei jeder Form der Wutentladung ist zu allererst die Erkenntnis der Empörung über das, was einem früher geschehen ist.

Diese Empörung und das Wissen, ungerecht behandelt worden zu sein, gehen in Resonanz mit den eingekapselten Gefühlen und befördern die berechtigte Wut an die Oberfläche. Erst wenn alles genügend Raum und Zeit bekommen hat, wird es sich verändern.

Habe ich erkannt, was sich da aus der Kindheit in der Tiefe angesammelt hat, es nach oben geholt und als Wut entladen, dann kann ich darauf konstruktiv aufbauen. Jetzt kann ich dem, der mir etwas zugefügt hat, und mir selbst vergeben. Mir selbst deshalb, weil zu lange getragene Wut immer mit einer Selbstablehnung gekoppelt ist.

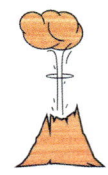

Fühlt man sich gefestigter, macht es für manchen auch Sinn, mit dem Verursacher über das zu sprechen, was gewesen ist. Wichtig ist dabei, bei sich zu bleiben und nicht auszuufern in wildem Geschrei oder Toben. Das hat einen absoluten Bumerangeffekt. Wir wollen ja, dass uns der Täter von damals zuhört und sich im besten Fall auch etwas sagen lässt. Das wird aber nur gehen, wenn wir es schaffen, unsere Gefühle, die wir als Kind hatten, zu erklären. Sagen, dass es damals schmerzhaft und verletzend für uns war.

Die Eltern an das zu erinnern, was sie falsch gemacht haben, kann durchaus mit dem Wunsch, den Eltern vergeben zu wollen, geschehen.

Mit dem Ziel, mit der Kindheit und den Eltern Frieden zu schließen und sich selbst zu vergeben, kann ein klärendes Gespräch ohne Ausraster sehr reinigend für das eigene Befinden sein.

Im Laufe unserer Kindheitsbearbeitung und unserer Stärkung der Persönlichkeit wird es immer noch einmal Situationen geben, in denen Wut fühlbar wird. Doch je weiter wir uns entwickeln und umso authentischer wir in unserem Sein werden, desto besser fühlen wir uns.

Und in dem Maße, wie sich in uns gesunder Selbstwert aufbaut, wird das erworbene Wutpaket immer kleiner und verschwindet in absehbarer Zeit endgültig.

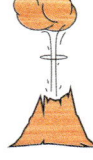

Mein Wut – Werkzeug – Koffer

1) Auf einen mit Sand gefüllten Jutesack wird eingedroschen. Idealerweise mit einem Stock, der nicht zerbrechen kann.

2) Diese Übung setzt gesunde Schultergelenke voraus. Man sollte sich hierbei auch nur so viel zumuten, wie es als gutes Gefühl passt! Rücklings auf dem Bett liegend, zuerst mit dem rechten, ausgestreckten Arm, mit einer zur Faust gemachten Hand, kräftig auf die Matratze einschlagen. Das gleiche mit dem linken Arm wiederholen. Einige Male im Wechsel, rechts – links … Mit viel Schwung und Ausleitungswillen.

3) Wir wiederholen diese Übung. Diesmal aber schlagen wir mit ausgestrecktem rechten, danach mit dem lang gemachten linken, Bein auf die Matratze ein. Voraussetzung auch hier: die Hüftgelenke sind gesund!

4) Wir legen ein Wutbuch an. Hier hinein kommen alle Wutgedanken, die in uns hochkommen. So entladen wir aus unserem Kopf, was uns im Moment leiden lässt. Die Inhalte der Wutbücher sind weder nett noch für andere Menschen zuträglich. So können wir entladen, wie es die Wut braucht: Heftig, unfein und trivial.

5) Wenn sich in mir bei der Kindheitsbearbeitung einmal mehr Wut zusammenbraut, stelle ich mir vor, dass an meinem Oberbauch eine Klappe aufgeht. Jetzt fühle ich in meinen Plexus hinein und stelle mir vor, wie mit äußerster Wucht eine grauschwarze Wutmasse geradezu aus mir hinausschießt … Flaut das Gefühl ab, denke ich mir Licht an die Stelle.

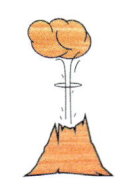

Kindheitsszenen

Bei allen Betrachtungen unserer Kindheitserfahrungen soll es nicht um Verurteilung der Eltern und erst recht nicht um Mauerbau oder das Entstehen von Hass gehen, sondern immer um Erkennen von Ursache und Wirkung. Alles, was wir als Kind erfahren, wird dem Erlebten entsprechend später im Leben Auswirkungen haben. Und alles das, was unsere Eltern schmerzend falsch machen, ist kein bösartiger Vorsatz uns wehtun zu wollen, sondern die eigene Begrenztheit, mit der diese Fehler begangen werden.

Wenn Eltern selbst als Kind gelitten haben und später beim eigenen Kind nicht bewusst über liebevolle Beziehung nachdenken können, dann werden sie wahrscheinlich die eigenen Eltern imitieren und weitertragen, was sie selbst erlebt haben.

Nur die allerwenigsten Eltern sind bewusst böse. Viel häufiger waren auch sie Opfer falschen Erziehungsverhaltens. Wird so etwas niemals bearbeitet und das eigene Verhalten später auch nicht analysiert und erkannt, dann geben Eltern unreflektiert das weiter, woran sie selbst so gelitten haben.

Im Folgenden schauen wir uns einige Kindheitsszenen an, wie sie sich wirklich ereignet haben könnten. Es geht hierbei um das Erkennen, dass jedes Verhalten Wirkung auf das betroffene Kind hat. Dabei müssen wir zulassen, dass es nicht in Ordnung war und Eltern durch ihr Verhalten sehr schaden konnten.

Der Alltag eines Kindes formt seinen Zugang zu dieser Welt. Wir glauben das zu sein, was wir erleben. Umso wichtiger ist es deshalb als Erwachsener, unsere heutigen Gewohnheitsverhaltensmuster einmal unter die Ursache-und-Wirkung-Lupe zu nehmen.

Die folgenden Kindheitssituationen, machen deutlich, wie Angst, Wut und Unsicherheiten im Kind entstehen und zu späteren Blockaden führen.

Ich bin 6 Jahre alt und möchte beim Spülen in der Küche helfen. Vater, Mutter sagt: *„Pass doch auf, du machst ja alles nass! Geh weg, du machst nur noch mehr Arbeit!"*

Ich bin 9 Jahre alt und komme mit einer schlechten Note aus der Schule. Vater, Mutter sagt: *„Musste das sein? Wenn du so weiter machst, wirst du wohl sitzenbleiben! Du darfst heute Nachmittag nicht raus zum Spielen, sondern setzt dich hin und übst!"*

Ich bin 4 Jahre alt und möchte auf dem Spielplatz rutschen, aber die Rutsche scheint mir recht hoch, ich bin verunsichert. Vater, Mutter sagt entweder: *„Du Angsthase, was ist? Willst du dort oben übernachten?"*, oder: *„Nein, da rutschst du nicht! Nachher fällst du runter, du kannst das nicht! Komm her!"*

Ich bin 7 Jahre alt und habe meinen vollen Kakaobecher aus Versehen über den Tisch gekippt. Vater, Mutter meckert: „*Pass doch auf, das muss doch nicht sein. Mensch, trink doch gescheit. Alles voll. Tisch und Boden, und dein Shirt kann ich auch wieder waschen. Habe ich nicht schon genug zu tun?*"

Ich bin 12 Jahre alt und möchte mit Mutter oder Vater einen Drachen bauen. Vater, Mutter sagt: „*Ich habe keine Zeit zum Basteln. Was glaubst du denn? Ich habe Wichtigeres zu tun und will auch mal meine Ruhe haben. Bau alleine und denk daran, dass du nachher nicht wieder alles rumliegen lässt!*"

Ich bin 8 Jahre alt und habe etwas getan, das meine Mutter sehr verärgert hat. Mutter schreit: „*Warte, wenn Papa heute Abend nach Hause kommt, dann setzt es ordentlich Prügel.*"

Ich bin 6 Jahre alt und habe meinem Bruder, meiner Schwester ein Spielzeug oder etwas Anderes im Haus kaputt gemacht. Vater, Mutter schreit: „*Was hast du da wieder gemacht? Zur Strafe wirst du eingesperrt!*" Dann zerrt Mutter, Vater mich in das Kinderzimmer und *schließt von außen ab (oder in den Keller, die Scheune oder ähnliches, irgendwohinein, wo hinter mir abgesperrt werden kann).*

Ich bin 9 Jahre alt und bin nach der Schule erst noch auf den Spielplatz gegangen, anstatt nach Hause zu kommen. Vielleicht habe ich dann noch geschwindelt und eine Entschuldigung erfunden. Vater, Mutter empfängt mich kalt und abweisend, hört sich meine Geschichte an und: „*Das machst du nie wieder!*"

Dann kommt die eigentliche Strafe, ich werde den Rest des Tages nicht beachtet, ignoriert, man schweigt mich an. Auch noch, als ich ins Bett muss.

Ich bin 13 Jahre alt und räume mein Zimmer nicht nach den Vorstellungen der Eltern auf. Vater, Mutter schimpft: „*Du bist so schlampig, schau mal, dein Bruder, deine Schwester bekommt das viel besser hin. Bin ich froh, dass er, sie so ordentlich ist, so ein Schatz!*"

Ich bin 15 Jahre alt und möchte weder den Beruf erlernen, den die Eltern gern hätten, noch entspricht mein Äußeres ihren Vorstellungen. Vater, Mutter sagt: „*Was soll aus dir noch werden? Du passt gar nicht zu uns. In unserer Familie sind alle etwas geworden und ordentliche Menschen! Mach du nur weiter so, dann fliegst du bald raus!*"

Ganz ohne Frage werden erst recht sexueller oder seelischer Missbrauch, ebenso wie ständiges Gestraftwerden, tägliches Schreien und laute, machtvolle Unterdrückungen oder Alkoholprobleme eines Elternteils der kindlichen Seele grundsätzlich sehr schaden! Dafür braucht es hier keine Beispiele! Kinder, die unter solchen Umständen aufwachsen , werden als Erwachsene immer viel zu reinigen haben.

Auch Kindern, die den plötzlichen Tod von Vater oder Mutter oder eines anderen, ihnen sehr nahestehenden Angehörigen, zu verkraften haben, geht es so. Dieses Trauma verursacht bei vielen Kindern große Probleme für die Seele.

Die obige Liste ließe sich leider um viele weitere unterschiedliche Beispiele fortführen. Ich bin mir aber sicher, du weißt und kannst nachempfinden, was gemeint ist. Die hier ausgewählten Beispiele verdeutlichen, wie die Lehmklumpen in unseren wunderschönen Bergsee hineingelangen können. Sie zeigen uns, welche alltäglichen Situationen die kindliche Seele bei ständiger Wiederholung sehr belasten und zu späteren Störungen führen können!

Findest du in diesen Beispielen ‚Dein Kind‘ (dich) so oder ähnlich wieder? Oder vermagst du dich nur noch bruchstückhaft oder kaum bis gar nicht an deine Kindheit zu erinnern? Sind nur wenige Momente noch aufrufbar?

Der wunderschöne Bergsee mit allen seinen Edelsteinen ist trotzdem noch in dir!

Im Laufe unseres Lebens kann vieles in unseren See fallen, Schönes und leider auch Unschönes, ganz Ungutes, Schmerzhaftes. Es ist kein Dach über unserem See. Und gerade als Kinder sind wir offen und unser See ist ganz ungeschützt.

Kinder können Erlebtes nicht sortieren oder wegfiltern, was nicht gut für sie ist. Das, was wir als Kind erfahren, ist unsere Welt. Kleine Menschen können noch nicht erkennen, wenn man ihnen Unrecht tut. Die

Eltern sind die ersten und vertrautesten Bezugspersonen, die wir erleben. Wir glauben ihnen alles:

Sind Eltern sehr ängstlich und überbehütend, vermitteln sie dem Kind (ohne es zu bemerken): *„Dein Leben ist gefährlich und unsicher!"*

Als Folge kann es passieren, dass wir uns wenig zutrauen, mit schlimmen Krankheiten rechnen und große Sicherheit durch Andere suchen, ganz schlecht allein sein können.

Wenn die Eltern sehr dominant oder aggressiv sind und dem Kind wenig Freiraum lassen, vermitteln sie (ohne es zu bedenken): *„Du bist klein und nicht so wichtig!"*

Als Folge kann es passieren, dass wir uns ständig unterordnen, keinen Widerstand leisten, konfliktscheu sind und Angst vor eigenverantwortlichem Handeln haben, unseren Wert gar nicht kennen oder später die aggressiven Verhaltensweisen der Eltern imitieren und lange angestaute Wut bei anderen entladen.

Wenn sich die Eltern sehr mit sich selbst befassen und dem Kind wenig Beachtung und Aufmerksamkeit schenken, vermitteln sie (unbewusst): *„Du gehörst nicht dazu und bist fremd!"*

Dann kann es passieren, dass wir uns verschließen, niemandem wirklich trauen, ständig mit Ablehnung rechnen und kaum Gefühle zeigen.

Wir fühlen uns dann auch in solchen Kindheiten nicht wohl, können das aber nicht objektiv erkennen und darüber nachdenken. Wir fühlen diesen Zustand einfach. Dann werden wir erwachsen und unsere

Seele hat lange viel erduldet. So lange, bis die Zeit gekommen ist, dass unsere schönen Persönlichkeitsanteile wieder oder auch zum ersten Mal richtig und bewusst gelebt werden wollen. Dann wird es in uns immer lauter, unangenehmer und fühlt sich zuweilen bedrohlich an. Es rumort, bis wir gezwungen sind, uns mit unseren Symptomen zu befassen, weil es uns nicht gut geht.

Die wunderschönen Edelsteine in unserem Bergsee kommen in Bewegung und stoßen an den Seelenschlamm der Kindheit. Sie wollen nicht länger unbemerkt und unbeachtet zugedeckt bleiben. Ist die Zeit reif für wesentliche Veränderungen in uns und will unsere Persönlichkeit endlich gesund leben, dann wird es zunächst recht ungemütlich und unruhig im Inneren werden.

Große innere Unruhe, zunächst scheinbar unbegründbare Lebensängste, manchmal auch Ratlosigkeit und Chaos bis hin zu Panikattacken, sind dann aber nichts Anderes als Wachstumsschmerzen, das Sichbemerkbarmachen eines großen Wandels hin zu viel mehr eigener Persönlichkeit.

Vor jeder größeren Ordnung ist Chaos

Jetzt passiert in uns etwas sehr Wichtiges! Alles, was wir an negativen Erfahrungen gesammelt haben, können wir wieder abgeben. Wir müssen nichts für immer tragen. Was nicht aus unserer eigenen Basis stammt, das gehört nicht zu uns und wir können uns davon befreien. Lange Verdecktes, Zugeschüttetes kommt in Bewegung und findet endlich Beachtung und damit auch Bearbeitung. Das führt, wenn wir uns dem stellen, zur Auflösung der unguten Zustände und Symptome. So etwas muss mit Unruhe und seltsamen Gefühlen verbunden sein.

Wir Menschen wachsen so gut wie immer durch Leiden. Wir werden auf diese Art wachgerüttelt und viel bewusster, wenn es um unser Inneres geht. Dann erkennen wir, dass es so nicht weitergehen kann. Jetzt ist der erste Schritt zur dringenden Veränderung getan!

Alles das, was wir bisher wenig bewusst erlebt und erduldet hatten, macht sich nun schmerzhaft bemerkbar. Wir glauben dann zunächst, weil wir es nicht durchschauen, dem hilflos ausgeliefert zu sein.

Ein Bild macht diese Zusammenhänge deutlich:

Wir stellen uns vor, dass wir ein älteres Haus besitzen. Eines Tages entschließen wir uns es zu renovieren. Ein neues Dach soll auf das Haus, die Fenster werden ausgetauscht. Einige Wände werden eingerissen und andere neu aufgezogen. Ein edler Fußboden kommt ins Haus, und bald schon wird alles in neuem, schönerem Glanz erstrahlen.

Wir können uns gut vorstellen, wie dieses Haus in der Übergangsphase wirkt: Staub, Dreck, Chaos, ungemütlich und das Gesamtbild absolut nicht einladend.

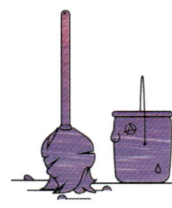

Genau so sieht es in uns aus, wenn unsere Seele zu rebellieren beginnt, wenn wir wachgerüttelt werden, weil wir nun bewusst an der Heilung unserer Persönlichkeit mitarbeiten wollen.

In dieser Übergangs- und Wachstumszeit ist vieles durcheinander in uns. Wir fühlen uns schwach und verletzlich, unzentriert, und oft stehen wir förmlich neben uns. Vielleicht träumen wir dann auch mehr oder schlafen unruhig, sind tagsüber unkonzentriert und antriebsschwach.

Wenn die Seele arbeitet, wir uns unserer Veränderung stellen und Lernaufgaben zugunsten einer besseren Lebensqualität lösen wollen, dann wird aus unserem Inneren immer Altes, Schmerzhaftes sichtbar nach oben ins Bewusstsein gespült.

Ich muss dabei an ein Kinderzimmer denken, das vollgepackt ist mit unschönen Gefühlskisten. In einer Ecke liegt ein Wutknödel, in der anderen steht eine Kiste voller Tränen. Mitten durch den Raum kullern eingedrückte Dosen mit Selbstzweifelresten und klebrigen Schuldgefühlen. Und überall liegen Staubballen mit eingetrockneten Talenten herum.

Und plötzlich tauchen kleine, lichtvolle Wesen auf und säubern das Zimmer und räumen darin auf.

Ein mental vorgestelltes Gefühlszimmer unserer Kindheit mitten in uns. Dieses Kinderzimmer in unserer Tiefe beherbergt alle unsere Erfahrungen, Erlebnisse und angesammelten Gefühle. Was wir erlebt haben, ,lebt' und ruht in uns. Wir waren Kinder und so passen alle Gefühle der Vergangenheit gut in unser inneres Kinderzimmer.

Nun wird aufgeräumt. Was da alles zutage kommt, muss sich ja ungut anfühlen. Wenn dann fast alles das, was da in uns aufgeräumt wird, auch noch vorübergehend in unser Bewusstsein gelangt, so ist das absolut nicht lustig. Das kann man sich sicher gut vorstellen.

Es hilft bei der Verarbeitung alter Kindheitserfahrungen, wenn wir wissen, dass da aufgeräumt wird. Unser Kinderzimmer wird vom Müll befreit, ein wunderschöner neuer Raum mit vielen angenehmen Dingen kann jetzt entstehen. So erkennen, bearbeiten, verändern wir und üben neue schönere Muster ein. Das braucht Kraft und Konzentration im Inneren, sodass wir uns im Außen sehr angestrengt fühlen.

Um eine größere Persönlichkeit zu entwickeln, werden wir im Übergang die Renovierungsarbeiten unserer Seele vielleicht schmerzhaft durchleben. Nachher wissen wir zurückblickend, dass es sich mehr als gelohnt hat. Dann sind wir sehr froh, diesen Weg gegangen zu sein.

Als wir geboren wurden, war unsere Seele gleich einem kristallklaren, reinen Bergsee. Der Boden dieses wunderschönen Sees war bedeckt mit wertvollen, schönen Edelsteinen in allen Farben!

Nun ist der Zeitpunkt gekommen, den Bergsee zu reinigen und zu befreien, damit die wunderschönen Edelsteine am Grunde wieder strahlen können!

Dann werden auch um unseren See im Laufe der Zeit die allerschönsten Blumen wachsen und Bäume an seinem Ufer prächtig gedeihen! Es wird etwas Zeit brauchen. Was jahrelang unbearbeitet und vielleicht unbeobachtet in uns wirken konnte, lässt sich nicht einfach wegzaubern. Es ist zur Gewohnheit geworden und damit unserem System sehr vertraut.

Ängste, Unsicherheiten, Zweifel an uns und am Leben, Sorgen um die Kinder, Wut und Aggressionen, alles hat sich mit der Zeit in unser Gefühlsleben wie ganz selbstverständlich integriert. Wir glaubten, das sind wir!

Wie gut zu wissen, dass wir alles das verändern und in uns befreien können. Denn wir sind unserem Leben nicht ausgeliefert, wir können handeln.

Leider reicht es nicht, sich mit schönen Affirmationen Mut zuzusprechen. Das mögen feine Hilfsmittel zur Seelenkosmetik sein, machen die Lebensfalten aber nicht weg. Richtiges Verändern geht in die Tiefe und holt dort die leuchtenden Wesenskristalle hervor. Das ist viel mehr.

Egal, was wir in unserem Leben verändern wollen, wir brauchen etwas Geduld und Ausdauer, um gute Ergebnisse zu bekommen. Dazu passt die folgende Geschichte.

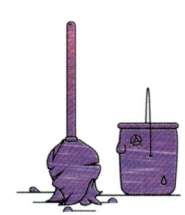

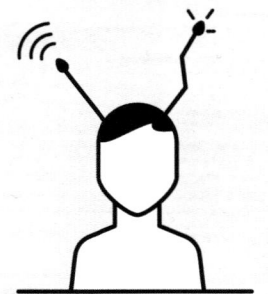

Du bist kein Radio

Ich sitze in meinem Lieblingscafé. Zwei junge Frauen kommen herein und lassen sich am Nachbartisch nieder. Sie bestellen Kaffee und Apfelkuchen und freuen sich über gelungene Einkäufe. Nach einer Weile höre ich zwangsläufig eine der Frauen sagen:

„Ach, weißt du, ich würde Vergangenheit Vergangenheit sein lassen. Klar, dein Vater war schlimm und du hattest Angst vor ihm. Und dein Exmann war auch ein Fiesling. Absolut unkomisch das Ganze. Aber vorbei ist vorbei. Ich würde es abhaken und einfach leben. Denn wie lange willst du dich noch mit schlechten Gedanken und unguten Gefühlen belasten? Es muss auch mal gut sein, schließlich leben wir ja heute und nicht gestern. Ich würde da nun aber wirklich 'nen Haken dahinter machen und die beiden Männer einfach vergessen. Mach dir lieber ein schönes Leben und lass los. Du wirst sehen, es wird von selbst alles gut. Ich würde mich an deiner Stelle lieber auf gute Zeiten freuen. Mache es dir doch nicht so schwer! Schluss, Aus! Jetzt wird gelebt!"

Für einen kurzen Moment ist es ganz still am Nachbartisch, dann kommt von der anderen jungen Frau die Antwort:

„Glaub mal, genau das hab ich versucht. Wie man mir dazu von allen Seiten geraten hatte. ‚Loslassen' hieß das Zauberwort. ‚Gar nicht mehr daran denken und bloß nicht zurücksehen, denn man muss auch vergessen können.' ‚Nimm das, was war, auch gar nicht mehr ernst.' ‚Lieber verdrängen als leiden.' ‚Deckel drauf' und so weiter. Ich habe das probiert und lange gedacht, es muss doch klappen und mir gesagt: ab jetzt fühle ich mich einfach gut! Funktioniert hat es nicht. Gestern hatte ich ein Gespräch mit einem guten Freund. Ich habe ihm erzählt, wie verzweifelt, ja, auch verärgert ich über meine Situation bin. Was war, soll doch zum Teufel gehen und mich in Ruhe lassen. Mein Freund lachte und sagte dann: Was erwartest du? Jahrelang hattest du Angst, fühltest dich an die Wand gedrückt, warst unfrei und blockiert, unterdrückt und völlig ahnungslos, wenn es um deinen Wert und deine Rechte ging. Nun bist du endlich frei und möchtest das jetzt sofort spüren und leben können. An meinem Radio kann ich innerhalb von zwei Sekunden von Katastrophenmeldung auf *love is in the air* umstellen. Aber du bist kein Radio. Sich einmal schütteln und alles fällt ab, ist nun mal nicht. Also krempel deine Ärmel hoch, besorge dir Schaufel und Spaten zum Wegschaffen deines Leidensberges und einen Kipplader zum Abtransport deines Seelenmülls. Schaufel langsam aber sicher deine beschmutzte Seele wieder frei. Nimm einen Hochdruckstrahler und spritze nachher alles blank! Dann pflanze die wunderschönsten Blumen in deinen Seelengarten und lasse sie wachsen und tausend Farben und Formen hervorbringen. Und wenn du dann dein

Radio anschaltest und es läuft *love is in the air*, dann weißt du, du bist angekommen."

Am Nachbartisch in meinem Lieblingscafé ist es still geworden. Ich schaue rüber und sehe zwei junge Frauen sich wortlos in die Arme nehmen. Ich bezahle, auch für zwei Rosen in der Vase auf meinem Tisch. Dann stehe ich auf, lege den beiden Frauen die Rosen auf ihren Platz und gehe.

Der Brückentorhaus-Hüter

W ir wollen nun mit Hilfe unserer Phantasie eine
kleine, ganz besondere Welt entstehen lassen.
Dafür stellen wir uns eine Welt vor, in der es nur zwei Länder gibt, das
linke Land und das rechte Land. Verbunden sind diese beiden Länder
mit einer starken Brücke hoch über einem immergrünen Tal. Nur vom
linken zum rechten Land laufen Menschen über diese Brücke. Zurück
kann niemand und will auch keiner.

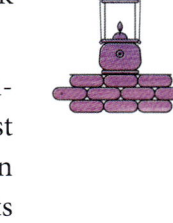

Wir stellen uns nun weiter vor, Leben gestaltet sich in den beiden Län-
dern sehr unterschiedlich. Während links Menschen recht unbewusst
ihren Alltag leben, bemüht, dem Ego immer neue Nahrung zu geben
in Form von Kleidung, Autos, Status und vielem mehr, leben rechts
die Menschen reflektierter. Sie sind sich ihrer Gedanken, Handlungen
und deren Folgen bewusst. Auch sie machen noch Fehler, aber sie spüren und erkennen sie. Nur so haben sie die Chance, sich zu verändern.
Menschen links leiden weitaus mehr.

Auf den Straßen des linken Landes sehen wir in unserer Vorstellung
viele Leute, bepackt mit grauen, oft sehr schweren Säcken bis obenhin
voll mit schmerzender Vergangenheit. Diese Menschen kommen nur
recht langsam vorwärts. Sie tragen viel zu schwer.

In unserem Bild leben die meisten zunächst im linken Land. Doch wenn ihre Zeit gekommen ist, begreifen immer mehr, dass sie durch Veränderung ihres Denkens und Verhaltens mehr Leichtigkeit und Lebensfreude entwickeln können. So wandern sie dann mit ihren grauen, alten, schweren Vergangenheitssäcken zur Brücke, den großen Wunsch im Herzen, drüben im rechten Land freier und schöner zu leben.

Wir stellen uns nun weiter vor, dass hier in einem Brückentorhaus der Hüter der Brücke wohnt. Ein gütiger, weiser, alter Mann. Bei ihm klopft jeder an, der über die Brücke ins rechte Land gelangen möchte. Der gütige Hüter der Brücke kommt heraus, händigt ein Formular aus, in das man einträgt, was Belastendes aus der Vergangenheit im Sack herumgetragen wird. Anschließend schreibt man auf ein neues Blatt, wie die ideale Gegenwart und Zukunft aussehen soll.

Der Hüter der Brücke liest alles in Ruhe. Dann öffnet er den mitgebrachten Vergangenheitssack und schüttet den Inhalt in einen großen Seelenmüll-Container direkt neben dem Brückentorhaus.

Ein Container, der immer wieder gefüllt wird mit Leiden, Wut, Frustration, schlechtem Selbstwert, Angst, Schuldgefühlen, Aggression und so vielem anderen mehr. Alles gesammelt und erworben im bisher gewesenen Leben. Und alles jahrelang ohne Nutzen als große Last mit sich herumgetragen. Ein grauer, schwerer, alter Sack, der mächtig beim Vorwärtskommen hindert.

Bevor die Linksländer nun über die Brücke gehen, werden sie vom weisen Hüter noch aufgeklärt. Er erklärt, was der Vergangenheitssack bewirkt, wenn er lange genug unbedacht getragen wird. Wie sehr er Einfluss nimmt auf unser Denken und Fühlen. Und wie wichtig es deshalb ist, sich frei zu machen, um viel beweglicher und glücklicher zu werden. Er erklärt auch, dass das Leben im linken Land aber schon wichtig ist, weil Leiden uns aufmerksam macht auf das, was wir noch falsch machen.

Erst durch das Erleben des Leidens und das Erkennen der eigenen Fehler können wir etwas verändern und dann das linke Land verlassen.

Bestückt mit erster Erkenntnis und in freudiger Hoffnung auf Erleichterung verabschiedet sich jeder Linksländer, um sich auf den Weg über die Brücke ins rechte Land zu machen.

Nun stell dir vor, du bist Linksländer und auch du kommst gerade beim Brückentorhaus-Hüter an. Stell dir vor, auch du trägst einen Vergangenheitssack.

Überlege: Was könnte in meinem Sack sein?

- Alte Verletzungen
- Angst vor bestimmten Menschen
- Strenge mit sich selbst
- Wut auf Situationen aus der Vergangenheit

- Befürchtungen, missachtet zu werden
- Eifersucht
- Gefühl von Austauschbarkeit
- Sorge um Kinder
- Angst vor Strafe
- Angst vor Lebenssituationen
- Angst, Kontrolle zu verlieren, auch über andere
- nicht loslassen können
- schlechter Selbstwert
- Selbstschutz aus Angst vor Dominanz von außen
- mangelndes Vertrauen
- Angst vor Ablehnung
- Gedankenkarussell
- Antriebsschwäche
- cholerische Ausraster
- Aggressionen
- Intoleranz
- Abhängigkeit von Menschen
- Menschen besitzen und besetzen müssen
- oder andere unschöne Gefühle …

Lass dir Zeit beim Zusammentragen, beim Erinnern und Aufrufen der vergangenen und alltäglichen Belastungen.

Schau in Gedanken in deinen grauen Sack, in dem sich alles aus bisher gelebter Zeit an Negativem, falschem Handeln und schlechten Gefühlen angesammelt hat.

Nimm dir ganz real ein Blatt Papier und notiere in Ruhe darauf, was dir einfällt.

Glaubst du, genug aufgeschrieben zu haben, dann stell dir vor, du bekommst ein zweites Formular vom Hüter ausgehändigt, die Wunschliste für ein leichteres und schöneres Leben.

Nimm ein zweites Blatt Papier, und diesmal schreibst du in Ruhe Gedanken zu deinen Lebenswünschen wieder ganz real auf.

Gehe in dich und frage dich: „Was fehlt mir?"

Damit ist nicht das dicke Auto, das große Haus oder der neue Mann, die neue Frau gemeint. Alles das kann sich später durch die Veränderung ergeben. Gemeint ist, welches Leiden, welchen Seelenschmerz, welche Ängste oder aggressiven Verhaltensweisen will ich loswerden?

Welche guten Gedanken, Gefühle und Verhaltensweisen möchte ich stattdessen erleben?

Nun gib in Gedanken deine beiden Formulare dem Hüter der Brücke.

Übergib ihm in deiner Vorstellung auch deinen Vergangenheitssack.

Wie sieht er aus?

Ist es ein großer Sack? Schwer? Welche Farbe hat der Sack in deiner Vorstellung? Oder ist er eher kleiner und nicht (mehr) so immens schwer?

Gib deinen Vergangenheitssack in deiner Vorstellung ab und schau zu, wie der alte Mann zunächst deine beiden Formulare durchliest und dann den großen, goldenen Containerdeckel öffnet.

Er schüttet den Inhalt aus deinem Sack in den Container und schließt den Deckel wieder. Den leeren Sack legt er zu vielen anderen geleerten Säcken in eine Holzkiste. Du brauchst ihn nicht mehr.

Du hörst den alten, weisen Mann dich fragen: „Wie sollen wir den ganzen Müll hier im Container vernichten und auflösen? Wir können ihn zermahlen. Es ist ein Mahlwerk im Container, wir können ihn verbrennen, auch das geht.»

Überlege dir nun, wie dein Seelenmüll zerkleinert, zermahlen, verbrannt oder anders aufgelöst werden soll.

Weißt du es, dann teile es in Gedanken dem Hüter mit. Stell dir nun vor, wie der alte Mann einen Knopf drückt und es passiert genau das, was du dir zur Vernichtung gewünscht hast.

Lass alles ganz in Ruhe vor deinem inneren Auge geschehen. Fühle nach, ist alles richtig gut aufgelöst? Lass dir Zeit!

Wenn du nun das sichere Gefühl hast, alles ist aufgelöst, siehst du, wie der gütige Hüter der Brücke wieder auf den Knopf drückt und den Mechanismus abstellt. Mit den Worten: „Du bist frei! Und für Alle, die mit deinem Vergangenheitssack zu tun hatten, mag Frieden einkehren», öffnet er den Container.

Schau hinein. Ist er leer? Fliegen bunte Schmetterlinge ins Freie? Steigt Goldglitzer auf oder fällt hinein? Fühle nach, wie gut es ist, all den alten Müll loszulassen.

Mach dich nun in deiner Vorstellung auf den Weg über die Brücke ins rechte Land.

Dort gilt es, sich mit gutem Willen und festem Wunsch langsam aber ganz sicher immer mehr zum richtig guten Wohlgefühl, endlich zu Hause sein, hin zu entwickeln.

Was möchte uns der Brückentorhaus-Hüter mitteilen?

Die Geschichte von den Links- und Rechtsländern ist ein Gleichnis in gut nachvollziehbaren Bildern.

Hierbei sind wir als Linksländer Menschen, die in ihrem bisherigen Leben viele, nicht nur schöne, Erfahrungen gemacht haben. Unbearbeitete Situationen oder noch gar nicht erkannte falsche Denk- und Verhaltensweisen tragen wir so blockierend mit uns herum.

Es sind in der Bildersprache alte graue Säcke, gefüllt mit unterschiedlich viel belastender Vergangenheit.

So bepackt können wir nicht flott vorwärtskommen.

Übersetzt heißt das, alte, falsche Lebensgewohnheiten und festgefahrene Denkweisen werden immer wieder verhindern, dass sich in unserem Leben etwas wirklich zum Besseren wenden und verändern kann.

Wenn ich glaube, jeder will mir was, werde ich niemals offene, liebevolle Beziehungen haben.

Wenn ich denke, ich bin der absolute Loser, Erfolg haben ist undenkbar, werde ich mich beim Vorwärtskommen und beruflichen Aufstieg schwertun.

Wenn ich glaube, ich bin unattraktiv und nicht liebenswert, werde ich wahrscheinlich Menschen anziehen, die mich nicht angemessen akzeptieren und achten.

Wenn ich bei allem Katastrophen und Misserfolge vorhersehe, wird mein ganzes Leben mit Komplikationsgefühlen und Schwere belastet und überfrachtet.

All das und noch viel mehr liegt schwer im grauen Sack der Vergangenheit. Bildlich gesprochen schleppen wir alle einen uns behindernden grauen Sack, mehr oder weniger schwer, mit uns herum. Vielen Menschen ist dieser Sack gar nicht bewusst. Sie schleppen, kommen kaum vorwärts, leiden an ihrem Leben und glauben, es geht gar nicht anders, dies sei halt die Realität, ihr Leben. Falsch!

Um dies deutlich zu machen, erzählt unser Gleichnis auch von den Rechtsländern. Eben den Menschen, die erkannt haben, dass sie in ihr Leben Bewegung und damit Veränderung bringen können.

Sie haben begriffen, dass sie durch Eigenverantwortung für ihr Leben alle Chancen auf Verbesserung haben. Weg vom Opfersein, von Stagnation und Schuldzuweisungen an andere.

Hin zum Erkennen der eigenen Persönlichkeit und damit verbunden die Chance auf Wachstum und positives Weiterkommen.

Übrigens hat der Wechsel ins rechte Land nichts mit äußeren Faktoren zu tun. „Wenn der Traumprinz kommt, geht es mir endlich gut." „Wenn ich Geld gewinne, fühle ich endlich Glück und Zufriedenheit." „Wenn alle nett zu mir wären, müsste ich mich nicht mehr ärgern." Wenn, wenn, wenn …

So funktioniert es leider nicht.

Der Traumprinz auf dem weißen Pferd kann so lange nicht geritten kommen, wie ich mir ein Traumideal bastle, weil ich Angst vor einer realen Partnerschaft habe.

Auch der Geldgewinn kann mich nicht wirklich glücklich machen, wenn ich in mir falsche Glaubensmuster lebe, wie zum Beispiel: Die Welt ist schlecht und Katastrophen lauern überall. An dieser inneren negativen Einstellung wird ein Geldgewinn nichts ändern. Das heißt, nach kurzem Euphorie-Gefühl holen mich meine alten Programme wieder ein und es geht mir wieder schlecht.

Vom linken ins rechte, richtige und schöne, Land zu wechseln bedeutet, inneren Ballast abzuwerfen. Ursache und Wirkung für das eigene Leben zu durchschauen und die Einstellung zu sich selbst verändern.

Ein innerer Vorgang, der in Bewegung kommt, sobald wir erkannt haben, dass unsere Kindheitsmuster, Erfahrungen und Glaubenssätze uns am glücklichen Leben hindern.

Hinzu kommt das Wissen, dass ich das, was durch mein Verhalten als Belastung in mein Leben gekommen ist, wieder abgeben kann.

Ich erkenne: Das bin ich gar nicht. Das Leiden, die pessimistischen Glaubensmuster kommen nicht aus meinem eigenen Ursprung, aus meinem Wesen, sondern haben sich nur wie ein grauer Sack, bestehend aus negativen Erfahrungen und Erlebnissen, an meine eigentliche Persönlichkeit angeheftet.

Ich bin NICHT so zur Welt gekommen.

Und hier kommt der Brückentorhaus-Hüter aus dem Gleichnis wieder ins Spiel.

Bei ihm können wir alles Negative abgeben . Er ist unser schönes Bild für Auflösung von lange getragenen Lasten und Leiden, die über unschönes Verhalten anderer zu uns kamen und lange, wie zu uns gehörig, getragen wurden.

Der graue Sack ist voll mit Vergangenheit und falsch gelebter Gegenwart.

Der Seelenmüll-Container des Hüters stellt dar, wie Lasten, Leiden und destruktives Denken uns gar nicht dienlich sind und deshalb unbedingt entsorgt werden sollten.

Nur so haben wir die Chance, neue Programme und Verhaltensmuster zu entwickeln. Und nur so haben wir die Chance, in absehbarer Zeit durch Be- und Verarbeitung unseres Leidens wirklich Glück und Liebe zu empfinden.

Deshalb macht es so viel Sinn, uns als lange geplagter Linksländer nach dem Entsorgen des grauen Sackes mit der Bewusstwerdung für Wachstum auf den Weg ins rechte Land zu machen.

Dort angekommen, beginnt eine fruchtbare Zeit. Wir wissen um die Ursachen, die auf unser Leben gewirkt haben. Ich muss nicht als Opfer ausharren.

Ich bin verantwortlich für mich und nur ich kann meinen Zugang zum Leben verbessern.

So finde ich meinen Platz in dieser Welt. Und das ist jede Mühe wert. Lasst uns zunächst eine Betrachtung zur eigenen Person machen …

Was mag ich an mir

Schreib mal alles, was dir in diesem Moment als Antwort auf diese Frage in den Sinn kommt, hier auf. Wenn du magst, male ein großes Herz und notiere da hinein, was dir einfällt. Bitte lass dir Zeit. Und was du hier einträgst, muss niemand lesen. Es ist ganz allein von dir für dich bestimmt!

Fällt es dir leicht, ganz viel Gutes an dir zu finden und einzutragen? JA! Dann fülle jetzt dein Herz mit vielen guten Eigenschaften und erfreue dich daran!

Oder denkst du eher: „Weiß nicht so recht was ich eintragen soll, habe irgendwie eine Sperre. Tue mich schwer. Es ist ein komisches Gefühl, was soll ich schreiben?" Dann schaue dir zunächst diese Gedanken an:

Betrachte einmal ein 3-jähriges Kind, das nicht unnötig eingeschränkt wird, das sich frei und angenommen fühlt. Welches das Glück hat, nichts Schlimmes erleben zu müssen. Wenn du dieses Kind fragst: „Kannst du das?"(rutschen, Sandburgen bauen, Kunstwerke malen) wird es begeistert antworten:„Jaaa, natürlich, ich bin doch schon groß! Ich kann das alles!". Dieses Kind findet sich klasse und perfekt, tadellos und großartig und … es hat Recht!

Was machen wir Erwachsenen nur mit uns, wenn wir NICHT in dieser Großartigkeit aufgewachsen sind? Wenn wir als Kinder, warum und wodurch auch immer, begrenzt und beschränkt wurden? Irgendwann erkennen wir gar nicht mehr, dass die Begrenzungen und vielleicht sogar Missachtungen durch Unwissenheit und Unvermögen oder auch durch Schicksal von außen gekommen sind.

Nicht nur, dass wir meist unbewusst darunter leiden. Nein, tatsächlich übernehmen wir auch noch das, was uns geschehen ist, als wäre es richtig … und wir sind falsch! Als Erwachsene betrachten wir uns streng oder missachten uns sogar, wenn es um unsere Wünsche und Bedürfnisse geht!

Was machen wir nur mit uns?

Nun wird es höchste Zeit gegenzulenken und die überkritische Selbstbetrachtung hinter uns zu lassen. Und bitte denke nicht, dass Eigenlob stinke. Früher galt es als lobenswert bescheiden zu sein. An sich wäre dies ein würdevolles Verhalten, wenn in unserer Gesellschaft daraus nicht Selbstunterdrückung und strenge Kritik gegenüber der eigenen Person geworden wäre. Bescheidenes, demütiges Verhalten ohne jede Selbstunterdrückung und Verurteilung hat Stärke und einen hohen Selbstwert.

Ein bescheidener Mensch muss sich nicht darstellen, wird aber durchaus von sich sagen: „Das kriege ich gut hin! Ich finde mich völlig in Ordnung so, wie ich bin!"

Betrachten wir diesen Menschen, dann werden wir nicht denken, der sei aber arrogant. Wir werden staunend oder vielleicht ein wenig neidisch auf ihn schauen.

Dieser Mensch kann nämlich etwas Wesentliches: In dem Maße, wie er sich selbst akzeptiert und in Ordnung findet, denkt er auch über andere! Er weiß, dass jeder Mensch seine Stärken und Schwächen, seine Größen und Fehler hat.

Dabei bedeuten Stärke und Größe nicht nur, problemlos fünf Kinder großzuziehen oder Star auf einer Bühne zu sein, Konflikte sicher im Griff zu haben …

Stärke und Größe sind auch, einem Menschen geduldig zuzuhören, ein schwieriges Kind zu lieben, Fehler einzusehen oder auch, in schwierigen Zeiten trotzdem humorvoll zu bleiben und manchmal lachen zu können oder trotz eigener Sorgen Mitgefühl mit anderen zu haben!

Was mag ich an mir?

Stell dir einmal vor, du hast einen Menschen kennengelernt. Diese Frau oder dieser Mann ist dir sehr ähnlich! Vielleicht sieht sie oder er anders aus als du, aber die Art sich zu äußern, das Wesen, der Umgang mit anderen Personen, alles das ist dir schon sehr vertraut, dieser Mensch ist dir überhaupt nicht fremd. Ihr habt so vieles gemeinsam!

Nun triffst du eine gute Freundin, einen lieben Freund. Du erzählst, dass du jemanden kennengelernt hast. Deine Freundin, dein Freund fragt dich:

„Wie findest du diesen Menschen? Kann man mit ihr, ihm gut auskommen? Ist das eine eigentlich eher friedliche Person oder eher streitsüchtig? Wäre das wohl ein guter Kollege, eine nette Kollegin? Hat diese Person Humor, lacht gerne und ist froh, wenn es auch anderen gut geht? Oder ist diese Person zynisch, lacht über alle und weiß alles viel besser als alle anderen? Kannst du dir vorstellen, dass dieser neu kennengelernte Mensch jemanden liebhaben kann und respektvoll sein Umfeld betrachten möchte?"

Fragen über Fragen!

Lies sie noch mal ganz in Ruhe durch und überlege dabei, was du deiner Freundin, deinem Freund zu diesem neuen Menschen antworten wirst. Was fällt dir zu diesen Fragen ein? Eigentlich ein ganz passabler

Mensch, den ich da kennengelernt habe! Sicher hat er auch seine kleinen Kanten und Ecken wie jeder, aber auskommen kann man ganz gut mit ihm! Als guter Freund durchaus denkbar!

Bitte beantworte nun die folgende Frage für dich ganz ehrlich:

Kannst du dir vorstellen, mit dem Menschen, der dir sehr ähnlich ist, einige Stunden in Harmonie und Freundschaft, in Frieden und vielleicht ganz lustig zu verbringen? Oder ist mit diesem Menschen Zeit zu verbringen sehr anstrengend, weil du verletzt werden könntest?

Was mag ich an mir?

Dazu noch ein wichtiger und sehr schöner Gedanke:

Jesus konnte seinerzeit in dieser Welt alle Menschen gleich akzeptieren. Sogar die Betrüger, die Schwierigen, alle, wie auch immer ihre Persönlichkeit war, er konnte den Menschen in Güte begegnen! Wenn er dich heute sieht und du zu den großen Zweiflern an der eigenen Persönlichkeit gehörst, nimmt er dich in seine Arme und sagt:

„Kind, warum bist du so streng mit dir? Glaube mir, wärest du vollkommen, du wärest doch gar nicht mehr in dieser Welt! Du bliebest im Himmel! Aber du bist ein Mensch und hier, um zu lernen, zu wachsen, auch um Fehler zu machen und danach weiterzukommen! Wenn ich dich lieben kann, so wie du bist, darfst du es auch! Es ist nicht nur ganz wichtig, andere anzuerkennen, andere zu achten, sondern genauso wichtig, DICH SELBST ZU ACHTEN. Lass dich zu, hab Nachsicht mit dir! Für mich ist beides gleich wertvoll, die Achtung vor dir und die vor den anderen. Kind, sieh deine liebe Seele und gib ihr eine Chance, sei sanftmütig mit dir! Es macht mich traurig, wenn du so streng mit dir bist! Schau in dich, da sitzt ein erwartungsvolles Kind mit großen Augen! Komm, wir schließen es in unsere Arme und haben es gern!"

Es ist sehr wichtig, dass wir es schaffen, uns zu akzeptieren und anzunehmen mit allen unseren Fehlern. In jedem von uns lebt so etwas wie ein inneres Kind. Es ist etwas in unserer Seele, das geliebt und geachtet werden möchte. Es möchte sicher und geborgen sein wie ein real sichtbares Kind.

Umso achtungsvoller wir mit uns, mit unserem inneren Kind umgehen, desto besser werden wir uns fühlen. Und desto leichter wird es uns auch fallen, echten Respekt vor anderen zu haben, ohne uns dabei zu unterdrücken oder unterdrückt zu fühlen. Wir schaden ja niemandem, wenn wir uns selbst mögen und respektieren. Im Gegenteil: Menschen, die mit sich im Reinen sind, betrachten auch andere Menschen mit größerer Neutralität und Toleranz.

Um der Seele ein Heilungsbild zu geben, Input für ein besseres Programm, können wir folgendes Ritual durchführen:

Gibt es von dir ein Kinderfoto? Ein Bild, auf dem du alleine abgelichtet wurdest, im ungefähren Alter zwischen drei und zehn Jahren?

Nimm dieses Foto, schneide das Kinderbild aus und klebe es auf ein weißes Blatt Papier. Nun male dem Kind eine schöne, große Krone über den Kopf. Schenke deinem Kinderbild, wenn du magst, einen schönen Rahmen und stelle es ganz privat für dich auf.

Du kannst auch dein gefertigtes Bild zunächst in die Hand nehmen und Seite für Seite durch dieses Buch mitwandern lassen.

Wenn dir als kleines Kind nicht die Würde, die Anerkennung und die bedingungslose Liebe, die jedem Kind zusteht, zuteil wurde, dann ist es wichtig, das jetzt nachzuholen.

Setz deinem Kind von damals eine Krone auf, nimm es mental in deine Arme und sei dir gewiss, dass du es heilen kannst!

Kinderparadies

Die Vision einer idealen Kindheit

L ies den folgenden Text und versuche, dich, so gut es geht, mit allen Sinnen in die Geschichte hineinzuversetzen, so, als sei es wirklich deine eigene!

Lass deiner Phantasie freien Lauf. Es ist so etwas wie Tagträumen, wobei vor deinem inneren Auge der folgende ‚Film' entsteht.

Versetze dich ganz in Ruhe in die kleine Geschichte, ohne irgendwelche Ablenkungen, und lass alle deine Sinne teilnehmen. Beachte dabei:

Was fühlt dieses Kind? Was erlebt es? Wie verhalten sich Vater und Mutter und was macht das mit den Gefühlen des Kindes?

Visualisiere, schaffe dir ein inneres Bild von dem, was du nun liest und stelle dir möglichst ohne zu hinterfragen vor, dass es deine Geschichte ist.

Wenn es dir hilft, visualisiere dir ruhig ganz neue, ideale Eltern. Dies soll die realen Eltern weder verurteilen noch abwerten. Es kann dir aber helfen, dich so leichter als absolut geliebtes Kind wahrzunehmen. Du bist in unserer Geschichte der wichtige Mittelpunkt mit einem in deiner Vorstellung total verständnisvollen, liebenden Vater und einer super warmherzigen, liebenden Mutter. Keine Angst vor Übertreibungen. Das ist für uns hier sogar förderlich.

Ich heiße … und heute ist mein besonderer Lieblingstag. Ich habe Geburtstag und werde 7 Jahre alt. Ich bin sooo gespannt auf diesen Tag, weil sich Mama und Papa für meinen Geburtstag immer tolle Dinge ausdenken. Sie haben mich sehr lieb und ich weiß, dass ich ihnen sehr wichtig bin, heute ganz besonders!

Oh, ich höre sie gerade zu meinem Kinderzimmer kommen. Erwartungsvoll sitze ich schon auf der Bettkante, nun geht die Tür auf … Mama trägt ein Tablett. Ganz feierlich brennt eine Kerze auf dem Kuchen, ui, und Päckchen liegen drumherum. Ist das spannend!

Papa kommt nun auch in mein Zimmer, er hält ganz bunte Luftballons am Band, sie fliegen fast bis an die Zimmerdecke. Mama und Papa strahlen mich an, ich strahle auch! Mama stellt das Geburtstagstablett neben mir auf dem Bett ab und wir nehmen uns ganz feste in die Arme. Ich fühle mich dabei so gemütlich und ganz froh im Bauch.

Papa lässt die Schnüre der Ballone los, sie gleiten zur Decke. Er drückt mich auch ganz feste, ich fühle mich ganz wichtig, sicher und geborgen! Wir drei sind ein tolles Team und ich bin heute hier der Star. Ich glaube, so könnte es sich anfühlen, wenn man berühmt ist und gefeiert wird.

Ich nehme mein Geschenktablett und stelle es nun auf den Teppich. Mama, Papa und ich setzen uns auf den Boden. Jetzt geht es ans Auspacken. Ach, ist das spannend und ich bin ganz kribbelig! Ganz lustige Teddybären sind auf dem Geschenkpapier. Die werde ich mir später ausschneiden und auf ein Blatt kleben.

Das erste Paket … ganz sachte öffnen! Ich freue mich ja so! In meinem Bauch kribbelt es wie ganz viel Brausepulver und der Kuchen riecht so gut. Den werden wir nach dem Auspacken probieren. Es müsste immer Geburtstag sein, das ist so schön! Nun ist das Geschenkpapier ab. Mama und Papa schauen genauso begeistert wie ich. Sie freuen sich nämlich übers Schenken so sehr, wie ich mich freue, beschenkt zu werden.

Da ist es, mein erstes Geschenk, hurra ein … eine …

Versuche, die Geschichte deines Geburtstages weiterzuschreiben oder vor deinem inneren Auge ablaufen zu lassen. Übertreibungen gibt es dabei nicht. Gestalte deinen Geburtstag so ideal, wie du es dir nur vorstellen kannst! Denke dir Mama und Papa dabei so, wie du dir aus vollem Herzen ideale Eltern vorstellst. Sie dürfen, wenn es hilft, auch anders aussehen als die realen Eltern.

Schreib oder visualisiere ganz konzentriert und lass deinen lichtvollen Vorstellungen freien Lauf! Ganz wichtig: Es geht nicht darum, die eigenen Eltern zu kritisieren, zu verurteilen oder ihre Fehler anzuprangern! Jeder handelt nach seinen eigenen Möglichkeiten und nach seiner eigenen Sichtweise. Auch Eltern sind selbst vom Umfeld geformte Menschen. Ihre Fehler kommen aus eigener, oft nicht verarbeiteter Erfahrung, aus Unwissenheit und eigener unschöner Kindheit.

Uns geht es bei unserem Kinderparadies um unsere Seele. Es geht darum zu begreifen, dass Erlebtes unsere Gefühle und unser Verhalten und Denken formt.

Stell dir vor, du hättest eine ideale, liebevolle, mit großer Achtung erlebte Kindheit gehabt. Merkst du, dass allein die Vorstellung eines solchen Kinderparadieses in dir gute Gefühle auslösen kann!? Nun stell dir vor, du bist so ideal in einer Familie groß geworden! Gelingt es dir, dich in die Geschichte zu vertiefen, dann kannst du etwas von deiner wahren Seele spüren. **Denn wer wir wirklich sind, erkennen wir am besten, wenn wir uns eine ideale Kindheit gestalten.** Unser Potenzial, unsere Fähigkeiten und Stärken können wir viel besser erkennen, wenn wir uns in dieser Vision als geliebte, wichtige Kinder mit liebenden, verständnisvollen Eltern sehen und idealerweise auch etwas davon empfinden. Eltern, die uns als Kinder voller Achtung begleiten.

Allein die Vorstellung idealer Kindheitszeiten lässt uns spüren und erfahren, wie wir uns fühlen und entwickeln würden. Das setzt real Kräfte und gutes Empfinden für die eigene Person frei, unser inneres Kind, das lange zu kurz kam, lebt auf.

Wir versetzen uns deshalb nun in unseren inneren Film. Alle unsere Sinne mögen beteiligt sein. So realistisch wie möglich spüren, hören, sehen wir vor unserem inneren Auge eine ideale Kindheitssituation, wir fühlen und denken uns hinein.

Lies die Geschichte nun noch einmal und lass dich darauf ein, dass es DEINE Geschichte ist!

Versuche nun, möglichst intensiv die guten Gefühle aus der Geschichte deiner idealen Kindheitsvision wahrzunehmen und beantworte dir danach diese Fragen:

Fühle ich mich in dieser in meinem inneren Idealfilm entstandenen Familie sicher?

Bin ich hier wichtig?

Darf ich Gefühle zeigen, darf ich Fehler machen?

Was denken meine Eltern über mich?

Welche Aufgaben kann ich, wenn ich groß bin, lösen?

Wie wird dann mein Partner sein?

Was tue ich dann in meiner Freizeit?

Werde ich dann, wenn ich erwachsen bin, Ängste, Unsicherheiten oder gar Panik in meinem Alltag haben?

Bin ich dann frei und sicher?

Wenn du es geschafft hast, mit deinen Gefühlen in die Vision des Kinderparadieses einzutauchen, bekommst du eine Ahnung davon, wie wunderbar es ist, als Kind geliebt zu werden.

Suche dir in nächster Zeit immer mal wieder Kindheitssituationen aus, die du mit der Vorstellung toller Eltern füllst. Passend kann der gedachte Kindergeburtstag sein, ein Besuch im Freizeitpark, gemeinsames Eis essen gehen, Eltern, die dich in der Schule gegenüber ungerechten Lehrern oder Mitschülern leidenschaftlich verteidigen. Dir wird etwas Gutes einfallen.

Je häufiger du eintauchst in schöne Vorstellungen, die dein inneres Kind damals als Realität sehr gebraucht hätte, desto leichter wird sich deine Seele Stück für Stück befreien können.

Vertrag

mit meinem Inneren Kind

Mein liebes, inneres Kind!

Hiermit verspreche ich Dir hier und jetzt, dass ich,

----

als erwachsene Frau/als erwachsener Mann,

Dir mit beschützender Liebe und Achtung

für Dein Wohlergehen, alle Zeit,

jetzt und in Zukunft,

sichernd zur Seite stehen werde!

Nichts und Niemand kann Deine Grenzen mehr

überschreiten!

Wir sind durch Leiden stark geworden!

Begegnung mit dem inneren Kind

Was wir gerade gemacht haben, ist eine sehr wichtige Bestandsaufnahme dessen, wie wir wären und lebten, hätten wir in der Vergangenheit keine großen Beschränkungen, Behinderungen oder große Verluste erlebt.

Wir begegnen dabei unserem inneren Kind, das in jedem von uns wohnt. Wenn wir uns vorstellen, wie es uns zum Beispiel im Alter von drei Jahren, mit sechs oder als wir zehn Jahre alt waren, ging, dann treffen wir auf dieses innere Kind.

Haben wir damals glücklich gelebt, dann wohnt in uns ein zufriedenes, starkes, optimistisches Kind. Unserer Seele geht es entsprechend gut. Mussten wir hingegen leiden, haben ungute Erfahrungen gemacht, dann möchte unser inneres Kind heute endlich befreit werden. Dabei wird gleichzeitig unsere Vergangenheit ganz prima geheilt

Unser inneres Kind lässt uns fühlen, wie es uns gehen kann, wenn alles im Leben in Ordnung war. Das ist eine immens wichtige Erfahrung, weil wir so unser ganz wahrhaftiges Ich erleben, unbelastet von allen unschönen oder schweren Begebenheiten.

Nun kommt etwas hierbei ganz Wichtiges und Hilfreiches: Unser Verstand unterscheidet nicht, ob wir uns etwas intensiv vorstellen und dabei innerlich erleben oder aber tatsächlich in Realität wirklich erfahren haben.

Wir werden immer das fühlen, was wir denken, egal ob nur in unserer Phantasie oder real erlebt!

Ein Beispiel: Wir erwarten einen lieben Freund zum Abendessen. Die Zeit vergeht, es wird immer später, aber der Freund kommt nicht. Nach über einer Stunde Wartezeit baut sich Wut in uns auf. Wir denken: „Warum versetzt er mich, ruft nicht mal an. Ich habe mir mit dem Essen solche Mühe gegeben und er vergisst mich einfach!" Während wir das denken, spüren wir, dass wir uns zunehmend schlechter fühlen. Es geht uns gar nicht gut.

Plötzlich klingelt es an der Tür, der Freund ist da. Völlig erschöpft, mit schlappem Blumensträußchen in der Hand. Er hat zwei Stunden im Stau gestanden. Baustellen, Feierabendverkehr, hungrig und durstig, und obendrein war sein Handy defekt.

Wir sagen: „Du Armer, ich freue mich, dass du jetzt da bist", und schließen den Freund froh in unsere Arme.

Während wir dankbar die Auflösung der Situation annehmen, spüren wir, wie wieder Leben in uns kommt und es geht uns bald wieder besser.

So, wie wir denken, so fühlen wir! Das ist unsere Realität und die hat großen Einfluss auf unser Wohlgefühl oder Leiden.

Deshalb ist es so ungeheuer wichtig, gerade wenn wir viel Unschönes, Belastendes erlebt haben, dass wir durch intensive Vorstellungen und starkes Hineinversetzen in einen idealen Zustand spüren und erfahren, wie es sich anfühlt, ein geliebtes Kind zu sein.

Die Vorstellung und das Hineinversetzen in Situationen, in denen ich wichtig, geachtet und selbstverständlich zu einer heilen Familie dazugehöre, öffnen tief in mir den Zugang zur ursprünglich heilen Seele. So hilft uns unser visualisiertes Kinderparadies, die Wahrheit über unser Wesen fühlen und erfassen zu können!

In einer idealen Kindheit wird keines unserer Talente, keine unserer Fähigkeiten, keine Stärke unterdrückt. Im Gegenteil, durch das Erleben großer Achtung und Zuneigung wächst eine starke Persönlichkeit hin zu ständig wachsender Nächstenliebe für sich selbst und andere. Es ist niemals zu spät, um mit der Umformung, der Transformation der eigenen Kindheit zu beginnen. Im Alltag nutzen wir dieses ‚So, wie ich denke, so fühle ich‘ viele Male am Tag gegen uns und es geht uns dann gar nicht gut dabei:

„Gleich muss ich den Wocheneinkauf machen und es regnet wie aus Eimern, ist das wieder nervig und anstrengend."

„Wie der Kollege wieder aussieht und wie der redet …"

„Immer diese Überstunden, ich hab keinen Bock mehr, die können mich hier bald alle mal."

„Wenn die Nachbarin heute wieder so einen blöden Spruch ablässt, werde ich's ihr aber geben."

Wir können lernen, dieses ‚So, wie ich denke, so fühle ich' sinnvoller für uns zu nutzen! Denn ich werde mich definitiv besser fühlen, wenn ich mir andere Gedanken schaffe.

Zu den Beispielen oben könnte das so gehen:

„Gut, dass ich mit dem Auto direkt am Supermarkt parken kann, bei dem Wetter sind sicher nicht viele Menschen da."

„Jeder ist anders, der Kollege tut mir ja nichts."

„Ich werde mir heute Abend etwas Leckeres kochen oder mich mit Freunden treffen, die eine Stunde pack ich nun auch noch."

„Die Nachbarin scheint Probleme zu haben, ich lass mich auf gar nichts ein und halte mich zurück."

Das positive Hineinversetzen in das visuelle, vorgestellte Kinderparadies ist eine wunderbare Möglichkeit, dieses ‚So, wie ich denke, so fühle ich' für uns zu nutzen. Haben wir einmal ganz realistisch wahrgenommen, wie es sich anfühlt, in idealer Kindheit geliebt zu werden, dann bekommen wir einen viel besseren Zugang zu uns und unserem inneren Kind.

Nur so erfahren wir, wer wir wirklich sind. Das setzt für unser Heute und unsere Zukunft große Potenziale, Möglichkeiten und glückliche Entwicklungen frei! Bitte lies dein Kinderparadies noch einmal und lass dabei zu, dass du heute glücklich, stark und frei sein darfst!

Befreie dich mithilfe deiner guten Gedanken, deiner schönen Vorstellungen, deinem Fühlen von allen alten, belastenden Mustern.

Mit dem Wissen, dass du mit allen deinen Fehlern wertvoll bist, kannst du dich entscheiden, dein Leben eigenverantwortlich und frei besser zu gestalten. Alte Kindheitsmuster, die dich leiden lassen, waren in der Vergangenheit zu dir gekommen. Sie sind nicht Du. Also darfst du sie wieder loslassen und abgeben. Ohne diesen erworbenen Ballast wirst du viel beweglicher für eine schöne Lebensgestaltung.

Lies deine Geschichte noch einmal mit allen Sinnen. Stelle dir am Ende vor, du bist das siebenjährige Kind, das zu seinem wunderschön erlebten Geburtstag nun spontan ein Symbol, ein Zeichen, ein einfaches Bild als Glückszeichen hier aufmalen möchte.

Welches Bild oder Symbol entsteht spontan vor deinem inneren Auge? Welche Glücksworte fallen dir spontan ein? Schreib sie auf die Linie passend dazu!

Wie ist es mit Anna weitergegangen?

6 Uhr morgens, eine kleine Stadt erwachte. Die ersten Autofahrer waren auf dem Weg zur Arbeit. Am Kiosk wurde das Zeitungsschild herausgestellt. Beim Bäcker gab es Frühaufsteher-Brötchen, während die Geschäfte still und verschlossen eine eigenartige Stimmung vermittelten. Die Luft war klar und noch recht kühl, Anna fror ein wenig. Wie ein Film zog die frühe Stadt an ihr vorbei.

Diese Nacht am See, so intensiv und ungewöhnlich, so seelentief und nur für sie. Diese Nacht umfing Anna immer noch mit einem seltsamen, unbekannten Gefühl.

Vor einigen Stunden war sie den gleichen Weg umgekehrt gegangen. Verzweifelt, ohne jede Aussicht auf Leben. Und jetzt? Anna ging heim. Es war anders, ganz anders.

Die Verzweiflung war gewichen, leichter fühlte es sich an und freier. Anna fühlte sich benommen, alles wirkte irreal. Ihre Füße schienen den Asphalt beim Laufen kaum zu berühren. Fremd und seltsam fühlte sich Anna, aber auch auf sonderbare Weise leichter. Etwas in ihr sagte, dass noch ein langer Weg vor ihr liegen würde, dass sie noch einiges lernen und verändern musste, um die aufgehende Sonne ihrer Seelennacht am See strahlen zu lassen. Anna ahnte, heute ist der erste Tag auf ihrem Weg ins Leben.

Ein Weg ist ein Prozess und wird eine Weile dauern, das wusste Anna.

Ein Weg ist aber auch Bewegung, Befreiung, Leben, auch das wusste Anna jetzt. Und sie ging heim.

Zu Hause angekommen, war alles ruhig. Ihr Mann schlief. Eine halbe Stunde noch und seine Uhr würde ihn wecken. Anna fror.

Sie kochte sich Tee, zog eine warme Jacke an, setzte sich ans geöffnete Fenster und schaute dem kommenden Tag entgegen. Im Baum vor ihrem Haus zwitscherten viele Vögel ihren Morgengruß.

Warum war ihr das nie aufgefallen? Wie ging es jetzt weiter? Ein zwiespältiges Gefühl beschlich Anna.

Seit dieser Nacht gab es sie. Und nun musste sie handeln, um in der Welt ein Zuhause zu finden. Sie wusste jetzt, dass sie Rechte hatte, und sie hoffte leise, dieses Gefühl vom See zu einem schönen Anteil ihres Lebens machen zu können. Aber sie ahnte auch, dass all das nicht leicht zu erreichen sein werden wird.

Anna fühlte sich wie Dornröschen nach hundertjährigem Schlaf. Sie war erwacht! Jetzt galt es sich zu bewegen, laufen zu lernen, sich auszubreiten. Anna atmete tief, trank den heißen Tee. Und immer wieder schweiften ihre Gedanken zurück in die letzte Nacht.

Sie hörte die Stimme, die sie so liebevoll geweckt hatte und nahm sich vor, diesen See zu ihrem Ort zu machen. Hier war ihr Herz erwacht, ihre Seele endlich zu ihr vorgedrungen. Anna schloss das Fenster. Noch war ihr nicht ganz klar, wie sie den Weg zu einem erfüllten Leben gehen wird. Aber eines wusste sie gewiss, gleich stand ihr Mann vor ihr und sie würde ihm sagen, dass sie ab heute laufen lernen wird und ihre hilflose Verzweiflung der Erkenntnis, leben zu dürfen, gewichen ist. Und noch eines wusste Anna ganz sicher, sie wird diesen Weg von Zuhause aus gehen. Niemand musste sie mehr irgendwohin bringen. Sie würde es schaffen, egal, wie lange es dauern mochte.

Annas Mann stand in der Tür. Verwirrt schaute er auf seine Frau. Sie kam ihm an diesem Morgen seltsam fremd vor, anders. Er fragte sie, ob sie fertig sei für die Psychiatrie.

Anna spürte so etwas wie eine kleine Sonne im Bauch und wunderte sich. Ihr Gefühl passte gar nicht zur Frage ihres Mannes, oder doch?

Anna dachte:‚Ich muss nicht weggebracht werden.‘ Und sagte es laut.

Ihr Mann war verunsichert, da stimmte etwas nicht mit seiner Frau. Er versuchte sie zu erinnern, wie schlecht es ihr ging und dass sie doch besser … Weiter kam er nicht.

Anna unterbrach ihn und mit den Worten: „Ich habe einfach gut geträumt", ging sie in die Küche, um Frühstück zu machen. Irritiert folgte Annas Mann. Gestern war man sich doch noch einig und heute Morgen nun das wieder. Er hatte es wirklich nicht leicht mit seiner Frau. Immer neue Maschen und komische Geschichten. In Annas Mann verwandelte sich Unverständnis in Wut. Er musste ein Macht-wort sprechen, um in diese Situation Ordnung zu bringen. Seine Anna war ja offensichtlich zu verwirrt. Also brauchte sie eine klare Ansage.

Deshalb forderte er sie auf, zu packen und sich für die Fahrt zurechtzumachen.

Anna stand am Küchentisch, ihren Mann im Rücken. Sie kannte seine erdrückende, ungehaltene Art. Wie oft hatte er sie damit erschreckt, wie oft verängstigt. Auch jetzt fühlte sie sich sofort schwer und kraftlos. Die wunderschöne Seelennacht am See verblasste augenblicklich zu einer vagen Erinnerung. Das immer gleiche Gefühl, halt- und hilflos zu sein, meldete sich. Und doch, heute war es trotzdem anders. Anna konnte denken, was sie fühlte. Und sie erkannte, dass es keinen Grund gab, sich schlecht zu fühlen. Sie ahnte etwas ganz Wesentliches: Sie konnte ihren Mann nicht verändern, aber sich selbst. Sie hatte die Freiheit, besser für sich zu sorgen, sich mehr zuzulassen und dabei immer wieder zu fragen: ‚Was möchte ich? Was ist gut für mich?'

Anna schaute auf den halb gedeckten Tisch, Gedankenfetzen kamen hoch. Eigentlich hatte sie sich, soweit sie zurückdenken konnte, fremdbestimmen und unterdrücken lassen. Warum war ihr das nur nie bewusst geworden? Sie hatte nie wirklich über ihre Wünsche nachgedacht, darüber, was sie selbst erfreuen könnte. Der Gedanke, wichtig und wertvoll zu sein, war ihr nahezu fremd. Mein Gott, wie hatte sie nur gelebt!

Zweifel und Bedenken meldeten sich in Anna. Zweifel, ob ihre neuen Gedanken, ihre Erkenntnis nicht doch nur Illusion und Wunschdenken waren. Bedenken, ob, wenn tatsächlich alles einen Sinn hatte, sie es jemals schaffen würde, Sicherheit und Selbstwert in dieser Welt zu finden. Aber nun war etwas in Bewegung gekommen. Zurück ging es nicht mehr. Irgendwie erschuf das in Anna ein starkes Gefühl, doch im Moment noch ohne Anker und festen Halt. Alles schwamm und war so wenig greifbar. Aber die Nacht am See war real und der Beginn von Weg und Wandlung.

Anna fand in diesem Gedanken zu ihrer Sicherheit zurück. Sie atmete tief, drehte sich zu ihrem Mann um, schaute in sein verständnislos blickendes Gesicht und bat ihn, sich keine Sorgen zu machen. Er solle frühstücken und dann in Ruhe, wie immer, zur Arbeit fahren.

Anna nahm ihre Teetasse und sagte im Rausgehen noch, dass sie in der Morgenluft auf der Terrasse sein möchte und ließ den, das erste Mal wortlosen, Mann zurück.

Draußen überlegte Anna, wie sie ihren Weg beginnen könnte. Ein Labyrinth von Gedankenstraßen in ihrem Kopf und im Moment noch keine Karte, die den Weg wies. So fühlte sie sich.

Am Himmel zogen kleine Schäfchenwolken über weiches Blau. Es schien ein warmer Tag zu werden. Anna beruhigte sich ein wenig und für diesen Tag beschloss sie, sich heute mal nur um sich selbst zu kümmern.

Sie spürte, das ist ein guter Start auf dem Weg ins Leben.

Philosophie zum Sinn des Leidens

Wenn alles Sinn macht in dieser Welt, welchen Sinn macht dann Leiden? Vielleicht so:

Bevor ein Kind hier auf diese Welt kommt, sucht es sich als Seele bestimmte Eltern aus, um ganz bestimmte Lernaufgaben zu erfüllen. Es mag schräg klingen, aber stellen wir uns einfach einmal vor, dass diese Eltern, die sich so unschön in unserer Kindheit verhalten haben, uns genau die Lernaufgaben geben konnten, die uns über das Leiden entsprechend weiterbringen.

Wir Menschen kommen meist nur in Bewegung und damit zu Wachstum, wenn wir durch unser Leiden fast gezwungen sind. So macht es Sinn, sich zum Weiterkommen diese schmerzhaften Vorgaben auszusuchen. Dann werden verletzende Eltern zu Lebenslehrern. Es wird somit an uns liegen, wie wir diese Lernaufgaben lösen.

So geraten wir dann als Erwachsene immer wieder in Phasen in denen Unsicherheiten, Ängste, Überforderungsgefühle oder gar Bedrohungsempfindungen vorherrschend sind. Wenn wir dann den Zusammenhang von Leiden und Wachsen nicht kennen, werden wir diese Zeiten als ungerecht und schrecklich empfinden. Es soll dann einfach nur wieder gut sein. Begreifen wir hingegen, dass unsere heutige

Gefühlswelt geprägt ist durch Erfahrungen in der Kindheit, dann wird Leiden zwar nicht leichter aber verständlicher.

Dann beißen wir uns auch nicht fest in Situationen von Frustration, Weglaufen, Nicht-Hinsehen, Hass und Opfer sein wollen. Wir versuchen vielmehr zu akzeptieren, dass das, was wir gerade schmerzhaft erleben müssen, einer wertvollen Veränderung dient.

Sind unsere falschen Kindheitsprogramme noch nicht ganz aufgelöst, dann werden uns im späteren Leben immer wieder Situationen und Menschen begegnen, die bezeichnenderweise zu unserer Fehlprogrammierung aus der Kindheit passen. Jetzt haben wir zwei Möglichkeiten. Wir können mit dem Leben hadern, verzweifelt in der Situation festhängen, uns als aussichtslose Opfer betrachten und wundern, dass uns immer das gleiche Leiden widerfährt. Oder wir wünschen uns natürlich auch von ganzem Herzen, dass es bald wieder besser wird. Aber wir wissen auch, wenn wir diese Zeit geschafft haben, sind wir mit unserer Persönlichkeitsentwicklung wieder ein gutes Stück weitergekommen.

Leiden ist immer schlimm. Noch schlimmer ist, zu leiden und keinerlei Sinn dahinter zu erkennen.

Wenn alles im Leben einen Sinn hat, dann hat auch das Leiden seine Berechtigung. Es weist uns darauf hin, dass bei uns etwas nicht stimmt. Lernen wir, uns unserem Leben mit allen Ereignissen zu stellen, schauen wir genauer hin, was da in unserem Denken und Handeln nicht förderlich für uns ist, dann begreifen wir Leiden als Signal. Es gilt, etwas zu bearbeiten, zu verändern hin zu einem klaren Bewusstsein für das eigene Leben. Und manchmal können wir tatsächlich nichts tun, weil etwas geschehen ist, das niemand mehr verändern kann. Dann bleibt uns nur die schwierige Aufgabe zu akzeptieren. Eine heftige Leidensform, die mit der Zeit eine große Persönlichkeit hervorzubringen vermag.

Wir alle wären gerne große, starke Persönlichkeiten. Nach einer glücklichen Kindheit, mit der Erfahrung schöner Wertschätzung, kann sich so etwas ganz sicher entwickeln.

Tragen wir negative Erfahrungen aus der Kindheit mit uns und leben entsprechend falsche Programme, dann sind wir umso mehr aufgefordert, in Bewegung zu kommen. Dafür braucht es aber eine bewusste Wahrnehmung der eigenen Ecken und Kanten, der eigenen Egobaustellen. Das schaffen wir meist erst, wenn es richtig weh tut, wenn wir bereits leiden.

Aber allein die Erkenntnis darüber, was da bei uns los ist, birgt eine großartige Chance, Stück für Stück unsere falschen Programme aufzulösen und durch sinnvolle zu ersetzen. Es ist der Beginn eines Weges zum Ziel. Wir alle können wachsen!

Nutzen wir unsere Chance, aus der Ursache Leiden mit der Auswirkung, blockiert zu sein, durch bewusste Veränderung ohne aufzugeben, eine viel größere und schöne Persönlichkeit zu entwickeln.

Bist du selbst Mutter oder Vater? Lasst uns das eigene Elternsein einmal überdenken!

Ich bin Mutter oder Vater

Es ist Samstagabend, die vierjährige Tochter schläft und der achtjährige Sohn hört im Bett noch seine Lieblingsgeschichte. Die Eltern Marc und Sabine sitzen vor dem Fernseher. Heute waren sie mal wieder bei seinen Eltern. Jedes Mal ist es ein lästiger Pflichtbesuch, gerne fahren sie dort nicht hin.

Seine Mutter ist stets sehr bemüht. Sie deckt den Tisch, serviert Kaffee und Kuchen und ist freundlich. Aber sein Vater hat immer was zu meckern. Oft wird er dabei laut, greift an und glaubt sich ständig im Recht. Er ist ein ungemütlicher, launischer Mann.

Wie sehr hat Marc als Kind unter diesem ungerechten Vater gelitten. Es hat ihn oft wütend gemacht, traurig und ängstlich. Sein Vater hat ihm absolut keine Sicherheit gegeben.

Heute haben sie dort, Marcs Mutter zuliebe, ihren Monatsbesuch gemacht und Marc ist auch jetzt noch verärgert über das, was Vater wieder von sich gegeben hat. Sabine beruhigt ihren Mann, sie möchte einfach einen friedlichen Abend haben.

Sonntagmorgen, Sabine hat den Frühstückstisch gedeckt, Eier gekocht, Brötchen aufgebacken, alles schön hergerichtet. Marc und die Kinder setzen sich an den Tisch. Tee und Brötchen werden verteilt, allen schmeckt es. Die vierjährige Tochter erzählt dass sie im Kindergarten Tiere gebastelt haben, sie ist ganz eifrig bei der Sache.

Gerade will sie zeigen, wie groß ihre Giraffe geworden ist und wirft dabei mit Schwung die Teetasse um. Tee rinnt über den Tisch und tropft auf den Boden.

Sofort explodiert Marc. So eine Sauerei, seine Tochter ist einfach zu dumm, einmal nur ganz normal am Tisch zu sitzen. Er schimpft noch, nachdem Sabine den Schaden längst behoben hat. Für Marc aber ist das Frühstück gelaufen. In die gedrückte Stimmung hinein fragt der achtjährige Sohn:

„Mama, warum will Papa so sein wie Opa?"

•

Maike hasst die Einkaufsfahrten mit ihrer Mutter. Jedes Mal das Gleiche. Egal, ob im Supermarkt, im Schuhgeschäft, in einer Boutique oder sogar auf dem Wochenmarkt. Maike fühlt sich häufig, wie ein kleines, dummes Mädchen. Ihre Mutter weiß alles besser und vor allem glaubt sie, ihre Tochter brauche Ratschläge, die sie dringend befolgen sollte. Dieses „Kind, deine Mutter musste im Leben schon so viel schaffen, die weiß doch besser als du, wo es lang geht. Da lass dir ruhig mal was sagen", nervt Maike sehr. Ob es um den Kleidungskauf oder die Gemüseauswahl geht, Mutter empfiehlt, genauer gesagt, bestimmt, was für Maike richtig ist und schafft es immer wieder, sich gegen ihre Tochter durchzusetzen. Maike ist jedes Mal verärgert und trotzdem gelingt es ihr nicht, an dieser Situation grundsätzlich etwas zu ändern.

Eigentlich war es auch nie anders. Als Maike Kind war, lebte sie ganz unter Mutters Regie, alles war vorgegeben und festgelegt, Widerspruch war zwecklos. Die Mutter ließ ihrem Kind keinen Freiraum, angemessene Selbstentscheidungen gab es nicht. Maike fühlte sich ihre ganze Kindheit durch fremdbestimmt und unsicher. Selbst heute fühlt Maike sich schwach neben ihrer Mutter. Sie ist jedes Mal froh, wenn sie ihre Mutter nach den wöchentlichen Einkaufsfahrten wieder zu Hause abgesetzt hat.

Inzwischen ist Maike selbst Mutter einer 15-jährigen Tochter, die ihren eigenen Kopf hat. Ihre Vorstellung von schicker Kleidung weicht zuweilen sehr von Maikes modischem Verständnis ab. Maike ertappt sich dann immer wieder, wie sie ihre Tochter korrigieren möchte, wie sie nur schwer zulassen kann, ihre Tochter selbst entscheiden zu lassen, was sie anziehen möchte. Aber Maike ist auch heilfroh, dass sie es reflektieren kann, wenn sie wieder einmal dazu neigt, das Verhalten ihrer Mutter zu übernehmen.

Sie weiß, wie sehr sie damals selbst gelitten hat. Beim eigenen Kind will Maike es unbedingt besser machen.

Alle waren wir einmal Kinder, alle in Abhängigkeit und alle haben wir mehr oder, wenn es gut ging, weniger am Verhalten der Eltern oder Großeltern gelitten. Jedes Kind möchte bedingungslos geliebt sein und ohne Strafen groß werden. Und wie gerne würde sich jeder Erwachsene, wenn er an seine Kindheit denkt, mit guten Gefühlen und schönen Erlebnissen zurückerinnern.

Geben wir unseren Kindern, was ihnen zusteht, auch wenn wir selbst vielleicht nicht nur Schönes erfahren durften. Es kann eine echte Herausforderung sein, wurden wir als Kind schlecht behandelt, jetzt voller Liebe zu unserem Nachwuchs zu stehen. Es ist uns natürlich klar, dass jedem Kind eine glückliche Zeit zusteht. Und doch kann es sein, dass alter eigener Schmerz uns nicht frei handeln lässt.

Dann sind wir vielleicht schnell auf die Palme zu bringen, fühlen uns durch unsere Kinder genervt oder sogar angegriffen. Glauben, wir erhalten nicht genügend Achtung. Und alles nur, weil wir immer noch unter der weit zurückliegenden Missachtung durch unsere Eltern leiden.

Wenn sie genauer hinsehen können einige feststellen, dass sie Vater oder Mutter imitieren. Das äußert sich dann so, dass man ungerecht wird, straft, statt zu erklären und sich als Opfer unfairer Angriffe fühlt.

Es ist sinnvoll, beim Lesen dieser Zeilen das eigene Vater- oder Muttersein mal näher zu betrachten.

Habe ich Verständnis für jedes meiner Kinder, habe ich Geduld mit ihren Eigenarten? Weiß ich, dass meine Kinder mir nie etwas Negatives wollen, dass sie mir blind vertrauen? Kann ich mit ihnen lachen, weinen, schöne Zeiten verbringen und immer wieder für sie da sein ohne zu glauben, zu kurz zu kommen? Ist in mir das sichere Gefühl, lieber erklären und Kompromisse schließen zu wollen, als zu strafen? Weiß ich, dass Schreien und Anbrüllen respektlos sowohl gegenüber den Kindern als auch meiner eigenen Person ist? Stehe ich zu meinem Kind, egal was war, kein unbedingtes Gutheißen einer Situation, aber gemeinschaftliches Klären und Verständnis anstatt auf Konfrontation zu gehen? Ist mir wichtig, meinen Kindern soziales Verhalten und verantwortungsvolles Tun in dieser Welt vorzuleben?

Diese kleine Exkursion in einen liebevollen Familienalltag lässt uns, wenn wir darüber nachdenken, erkennen, ob wir gut handelnde Eltern sind oder doch so einiges dringend anders werden darf. Für Mütter und Väter gibt es eine einfache Hilfe, das eigene Verhalten zu reflektieren und immer wieder zu korrigieren.

**Die Frage: „Wie würde ich mich jetzt fühlen, wenn ich Kind wäre",
lässt erkennen, ob man sich fair verhält.** Kinder brauchen auch Begrenzungen, allein schon, um sich sicher zu fühlen. Wir müssen aber darauf achten, dass unser Handeln zum Wohle des Kindes ist, wir nicht aus einer Laune heraus reagieren oder sogar alte Muster der eigenen Eltern übernehmen. Verhaltensweisen, unter denen wir damals als Kind selbst immer wieder gelitten haben.

Unsere Kinder sind nicht unser Besitz. Es sind freie Wesen, die voller Vertrauen an unserer Seite in die Welt wachsen wollen.

Es ist eine schöne Aufgabe und mit Sicherheit oft sehr herausfordernd und anspruchsvoll, unseren Kindern, so gut es geht, eine Kindheit zu ermöglichen, wie wir sie gerne selbst erlebt hätten. Unser Rüstzeug für gutes Mutter-, gutes Vatersein wird dann hauptsächlich bestehen aus Geduld, Erkennen der ganz eigenen Art jeden Kindes, viel Verständnis, immer wieder erklären, beraten, sinnvoll Grenzen setzen und nicht zuletzt aus bedingungsloser Liebe.

Wir werden dann nicht berechnend fragen: „Was kriege ich zurück?" Vielmehr werden wir belohnt, wenn wir feststellen können, dass es unseren Kindern gut geht.

Geliebte Kinder sind fähig auch zu lieben. Wenn wir dann sehen, wie unsere Kinder liebevoll mit anderen umgehen, zu sehen, wie sie wachsen und immer sicherer in ihrem sozialen Verhalten werden, ist das größte Geschenk, das sie uns machen können!

Diese Kinder haben später keine Panik, Ängste, diffuse Unsicherheiten und Zweifel an sich. Diese Kinder gehen stark, umsichtig und mitmenschlich durchs Leben. Sie werden mit uns immer in Zuneigung bleiben. Eine Vorstellung, die alle Mühen lohnt!

Lasst uns jeden Tag neu beginnen, eine gute Mutter, ein verständnisvoller Vater zu sein!

Khalil Gibran (* 06.01.1883, † 10.04.1931)
Eure Kinder sind nicht eure Kinder.
Sie sind die Söhne und die Töchter der Sehnsucht
des Lebens nach sich selber.

Sie kommen durch euch, aber nicht von euch.
Und obwohl sie mit euch sind, gehören sie euch doch nicht.

Ihr dürft ihnen eure Liebe geben,
aber nicht eure Gedanken,
denn sie haben ihre eigenen Gedanken.

Ihr dürft ihren Körpern ein Haus geben,
aber nicht ihren Seelen.

Denn ihre Seelen wohnen im Haus von morgen,
das ihr nicht besuchen könnt,
nicht einmal in euren Träumen.

Ihr dürft euch bemühen, wie sie zu sein,
aber versucht nicht, sie euch ähnlich zu machen.
Denn das Leben läuft nicht rückwärts,
noch verweilt es im Gestern.

Ihr seid die Bogen,
von denen eure Kinder als lebende Pfeile ausgeschickt werden.
Der Schütze sieht das Ziel auf dem Pfad der Unendlichkeit,
und er spannt euch mit seiner Macht,
damit seine Pfeile schnell und weit fliegen.
Lasst eure Bogen von der Hand des Schützen
auf Freude gerichtet sein;
denn so wie er den Pfeil liebt, der fliegt,
so liebt er auch den Bogen, der fest ist.

selbstliebe schafft nächstenliebe

Wollen wir unsere Kinder aus vollem Herzen lieben, ist es wichtig, einen gesunden Zugang zu uns selbst zu finden. Denn nur, wenn wir mit uns selbst im Reinen sind, werden wir in der gleichen Klarheit in Liebe zu anderen sein.

Wer gegenüber der eigenen Person Akzeptanz besitzt, sich durchaus als okay empfindet, ohne Selbstüberschätzung und Überheblichkeit, der lebt frei von dem Bedarf, der Schmeichelei oder Bestätigung durch andere. So ein Mensch fühlt sich dann auch von den eigenen Kindern nicht auf den Schlips getreten, sondern kann ihr Verhalten verständnisvoll begleiten, wenn notwendig, sinnvolle Grenzen setzen und solidarisch mit ihnen zusammen Lösungswege finden.

Selbstliebe ist kein Egoismus. **Selbstliebe ist der wertvolle Zugang zu dieser Welt. Denn wer sich selbst verständnisvoll in Liebe betrachten kann, der kann das auch bei anderen.**

Liebe, wie lebt sich diese Energie? Das in Worte zu fassen, ist sehr schwierig. Eigentlich ist es nicht erklärbar, sondern kann wirklich nur über ein Gefühl verstanden werden. Worte sind begrenzt und über Worte wird man dem Sein von Liebe nicht wirklich gerecht werden. Liebe fließt und weckt in uns ein Gefühl, bei dem es kein ICH mehr gibt. ICH hat Worte und ICH ist begrenzt und hat Ego. Liebe löst auf und trägt.

Liebe ist eindeutig. Sie ist bedingungslos. Sie gibt ohne Erwartung und Rückgabepflicht. Sie vermehrt sich durch das Geben, sie erfreut sich an der Freude des Beschenkten. Wer liebt, gibt, um gut zu tun, um zu trösten, um für den anderen da zu sein. Wer liebt, vergibt. Liebe hilft, Wunden heilen zu lassen und Gemeinsamkeiten zu bilden. Wenn wir lieben, betrachten wir uns nicht selbst, sondern sind erfüllt beim Wohlgefühl des anderen. Wir erfreuen uns an einer Mutter, die ihre Kinder aufrichtig lieben kann, an jedem Menschen, der zum Wohle anderer Menschen aktiv ist.

Wir spüren das Licht, die Liebe in jeder kräftigen Pflanze, im Zitronenfalter auf einer Blume, in der Fröhlichkeit spielender Kinder, beim gemeinsamen Feiern aber auch beim innigen Verbundensein in Trauer.

Lieben zu können, lässt uns die Fehler anderer Menschen verständnisvoll betrachten, mit dem Wissen, jeder lebt in der Begrenzung seiner Möglichkeiten. Auch wir machen Fehler. Unser Umfeld macht sie ebenso. Jedem Fehlverhalten liegt ein Mangel zugrunde, ein ungutes Gefühl.

Wenn wir wirklich lieben können, bemühen wir uns immer wieder, den Anderen in Güte zu betrachten. Lieben bedeutet aber auch Eigenverantwortung, liebevoller Umgang mit sich, dem eigenen Körper, dem eigenen Wesen. Es bedeutet auch, mit sich selbst verständnisvoll und nachsichtig zu sein.

Licht und Liebe, starke Worte, wenn sie richtig verstanden werden. Zugleich eine Aufforderung, einen eindeutigen Weg in Richtung Sanftmut zu gehen. Wenn wir dem Nächsten mit Gefühl und in Mitgefühl begegnen, keine Geschäftemacherei mit: „Ich tue so viel für dich und was tust du für mich?" als Liebe tarnen, dann haben wir sehr viel begriffen. Liebe ist keine Selbstaufgabe und keine Egopflege, die am Samstag im „Licht und Liebe"-Blitzseminar mit spontaner Herzensöffnung erlernt werden kann.

Liebe, ernst genommen, ist die Aufforderung, sich eindeutig und ausdauernd, selbstreflektierend auf den Weg zu machen, um den Mitmenschen und sich selbst immer mehr in Dankbarkeit, Mitgefühl, Vergebung und Nächstenliebe zu begegnen.

Ich-hab-mich-lieb–Tag

Lerne, dich liebevoller zu behandeln! Das Kind in dir, wann hast du es das letzte Mal verwöhnt und beschenkt? Versuche, das Gedankenkarussell immer wieder anzuhalten. Übe, im Moment zu verweilen, Gedanken an gestern und zu dem, was morgen kommen könnte, verhindern nur, dass du dir jetzt guttust. Überlege einmal wieder oder vielleicht sogar zum ersten Mal, was dich jetzt erfreuen könnte. Dabei geht es nicht um große, kaum erreichbare Dinge, sondern um die Rose vom Markt, das Wannenbad mit Lavendelduft, den guten Tee oder Kuchen, ein schönes Buch für das man sich mal eine Stunde Zeit nur für sich nimmt, oder beispielsweise ein Kinobesuch.

Die meisten von uns verweilen schon viel zu lange in Gewohnheitsmustern. Diese Muster, entstanden in der Kindheit, die vermitteln, du bist nicht dran. Sie hoffen dann, dass jemand anderes kommt und das heilt, was ihnen in der Kindheit zugefügt wurde. Wie viele Menschen sind enttäuscht, wenn der Partner sie nicht verwöhnt, Freunde nicht aufmerksam sind oder die eigenen Kinder vieles als selbstverständlich nehmen. Sie kommen dann gar nicht auf die Idee, sich selbst zu beschenken, zu verwöhnen und Zeit mit sich zu genießen.

Meist entstehen solche Gewohnheitsmuster in der Kindheit dann, wenn das Kind damals zu wenig Achtung und Aufmerksamkeit, wenig liebevolle Zuwendung bekam. Als Erwachsener lebt man dann in großer Bedürftigkeit. Man achtet darauf, was andere für einen tun oder eben auch nicht tun, um unbewusst die Leidenserfahrung der Kindheit, nicht dran zu sein, immer wieder zu erleben. Selbst wenn es dann einen Partner gäbe, der bereit ist, den Bedürftigen auf Händen zu tragen, wird das Muster in den meisten Fällen nicht aufgelöst.

Was in der Kindheit verursacht wurde, kann nur der Verursacher heilen, was selten geschieht, oder eben wir als Betroffene selbst.

Leider werden diese Abläufe ganz häufig nicht vom Bewusstsein erfasst. Wut entsteht auf Menschen, die heilen sollen, es aber als Nichtverursacher tatsächlich gar nicht könnten.

Wenn wir anfangen, uns selbst lieb zu haben ohne Groll auf andere, ohne Erwartungen, die dringend von außen erfüllt werden sollen, nur weil es schön ist, sich etwas Gutes zukommen zu lassen, dann werden wir auch heilen.

Unser inneres Kind wird es uns danken. Vielleicht klingt es etwas befremdlich, aber wir sollten üben, uns immer wieder in Gedanken selber in den Arm zu nehmen. Stellen wir uns als sechsjähriges Kind vor, ein kleines, niedliches Wesen. Es wird uns viel leichter fallen, das Kind in uns liebevoll ‚in den Arm zu nehmen‘.

Zelebriere einen Ich-hab-mich-lieb–Tag. Kaufe dir eine Rose oder eine Autozeitung oder irgendetwas, das du magst, aber nicht selbstverständlich regelmäßig kaufst. Nimm dir vor, etwas Gutes für dich zu kochen. Mach es dir gemütlich mit Musik, Film oder einem schönen Buch, nur für dich. Nimm ein ausgedehntes Bad mit Duft oder mach einen Museums- oder Kinobesuch. Wichtig ist bei allem, dass man es schafft, mit sich selbst immer wieder in Harmonie und Zuneigung Frieden zu finden. Achtsamkeit lehrt, sich nicht im Lebensgewühl zu verlieren und nur außen zu suchen, was tief im eigenen Inneren auf Befreiung wartet, nämlich gesunde Eigenliebe, die es ermöglicht, auch andere gern zu haben.

Zwischendurch –
Texte zum darüber nachdenken I

König sein

Unsere Vorstellungen und Gedanken schaffen unsere Welt. Das, was wir glauben und fühlen, das leben wir auch. Finden wir den König in uns.

Ich kenne die alte Dame, die immer das Brot von gestern kauft, weil es günstiger ist. Und nach dem Frühstück in ihrer kleinen Wohnung geht sie, auf ihren Stock gestützt, in den Park zu ihrer Bank und verfüttert die restlichen Krumen an ihre Freunde, die Vögel.

Jeden Tag bei Wind und Wetter macht sie das. Es sind ihre Vögel, es ist ihr Park, ihr Himmel und ihr Wetter. Sie summt ihre alten Lieder und lächelt den vorbeikommenden Menschen zu. Dann geht sie heim. Sie ist eine Königin.

Ich kenne auch die gutsituierte Geschäftsfrau. Jeden Morgen eilt sie genervt in ihr Unternehmen, viele Zahlen im Kopf. Ihr Tag hat zehn Termine, hundert Anrufe und eine tausendprozentige Garantie auf Ärger. Alles geht bei ihr schnell, alles ist wichtig und immer zu viel. Und … sie ist keine Königin.

Natürlich kann es auch umgekehrt sein. Königliches Denken und Fühlen eines reichen Geschäftsmannes und ein Frustriertsein des einfach Lebenden.

Es sind eben nicht die äußeren Gegebenheiten, die uns eine Krone aufsetzen. Das wahre Königreich wächst innen. Das innere König- oder Königinsein hat mit Selbstachtung zu tun, mit einem würdevollen Gefühl für sich und andere. König, Königin zu sein bedeutet auch, Chef im eigenen Leben und kein Funktionsorgan für die Menschen im Umfeld zu sein. Könige nehmen ihren Platz in dieser Welt anerkennend an. Jede Arbeit kann mit Würde und Bewusstsein verrichtet werden.

Egal, wo ich arbeite, was immer ich tue. Ob daheim im eigenen Haushalt, ob in einem Unternehmen oder in der Selbstständigkeit. Es kommt letztendlich nicht darauf an, welcher Arbeit ich nachgehe. Viel wichtiger ist, mit welchem Gefühl ich meine Arbeit ausfülle. Martin Luther King sagte einmal zum Thema Arbeit: Wenn die Aufgabe darin besteht, die Straße zu fegen, dann fegen sie, wie Michelangelo malte!

Setze dir also mental deine Krone auf. Nicht, um deine Großartigkeit gegenüber allen Menschen in deinem Umfeld zu spüren. Nicht mit dem Denken, dass die anderen mehr für dich tun sollten.

Nimm die Königin, den König in dir wahr. Geh in die Natur und finde deine Bäume, deine Vögel, deine Sonne und Sterne. Stell dir vor, alles ist dir zum Geschenk. Begegne der Königin, dem König im nächsten

Menschen. Übe Achtung und Respekt gegenüber denen, die anders sind. Entdecke deinen inneren Reichtum, dein Königreich aus Selbstannahme, Nächstenliebe, Humor und Dankbarkeit für das, was du besitzt.

Liebe Königin, lieber König. Finde dein Königreich im Herzen und es werden viele Blumen rings um deinen Seelenbergsee erblühen. Was dir auf diesem Königsweg störend in deinem Inneren entgegen steht, kannst du verändern oder loslassen.

Vollversammlung der ICH-Unternehmensgruppe

In modernen Firmen finden wir heute oftmals einen Personal- und Unternehmenscoach. Seine Aufgabe ist es, eine möglichst optimale Kommunikation zwischen den Mitarbeitern herzustellen. Dabei geht es auch um ein gut motiviertes Team, welches das ganze Unternehmen erfolgreich vorwärts bringt. Fehlerquellen und falsche Vorgehensweisen werden aufgedeckt und mit ergebnisorientierten Maßnahmen korrigiert. Im Idealfall trägt dieser Coach dazu bei, dass der Laden rund läuft.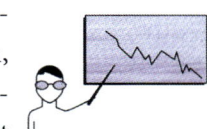

Schauen wir mal bei unserer eigenen Person genauer hin, so stellen wir fest, dass wir, ganz ähnlich einem öffentlichen Unternehmen, so etwas wie Mitarbeiter haben. Gemeint sind Anteile unseres Wesens, die uns im Leben unterstützen oder bremsen können. Je nachdem, welcher Art diese Wesensanteile sind. So etwas kann dann wie bei dem folgenden Beispiel aussehen.

Darf ich vorstellen, mein Mitarbeiterteam!

Richtig treue Jungs und Mädels, ewig lange schon im Betrieb. Habe sie auch immer gut gepflegt, damit mir ja keiner abhaut. Großartige Leute, und so wichtig für mein Unternehmen, dachte ich … bis gestern. Da war Betriebsvollversammlung meines ICH-Unternehmens. Ich habe, begeistert wie ich war, Fotos geschossen von meinem tollen Team. Und jetzt habe ich das erste Mal genauer hingesehen.

Ach, du dickes Ei! Was sitzt denn da an meinem (inneren) Tisch? Die habe ich alle freiwillig eingestellt? Unbefristet? Ist ja ein Mordsteam. Und ich habe es überhaupt nicht bemerkt, ich bin entsetzt. Mit denen wollte ich erfolgreich sein im Leben, expandieren, hin zu immer mehr Ausgeglichenheit und Lebensfreude. Meine Berater, wenn es um Auseinandersetzungen und mein Recht geht.

Da saßen sie, meine ‚hervorragenden' Mitarbeiter in Sachen Persönlichkeitsentwicklung. Allesamt übertariflich bezahlt und ausgezeichnet gepflegt. Wie tröstlich war die Erkenntnis, dass immerhin ein paar gute Leute dabei waren.

Ich möchte meine Mitarbeiter gerne vorstellen. Es kann ja durchaus sein, dass sich in dein ICH-Unternehmen das ein oder andere Familienmitglied einer meiner Mitarbeiter eingeschlichen hat. Vielleicht erkennst du es wieder.

Zunächst ist da Frau Machmichbekloppt. Mit ihr war es im Nachhinein immer sehr anstrengend zu arbeiten. Ständig sah sie bei jedem kleinsten Problem Katastrophen nahen. Immer und immer wieder, egal, wie eine Situation ausging. Frau Machmichbekloppt war stets in Sorge und äußerte immer Bedenken. Erst jetzt bemerke ich, wie sehr sie mein ICH-Unternehmen bremsen konnte.

Dann Herr Zieselmann, immer kurz vorm Explodieren. Einmal fühlt er sich nicht geachtet, ein anderes Mal muss er feststellen, wie dumm die anderen sind. Dann wieder glaubt er, alles allein reißen zu müssen, weil ja niemand gescheit mit anpacken kann. Zurückerinnert muss ich feststellen, dass es nie gemütlich rund lief in seinem Denken und täglich musste er sich aufs Neue ärgern. Seine liebste Kollegin im Team ist übrigens Frau Übelgrübel. Herr Zieselmann und Frau Übelgrübel verstehen sich blendend.

Er muss sich ständig aufregen über alle Unzulänglichkeiten seiner Welt und sie weiß noch genau, was vor acht Jahren, am 13. Juni gegen 17.30 Uhr schief gegangen ist. Die ganze Vergangenheit in allen einzelnen Schieflagen und Schwierigkeiten, alles abrufbar archiviert. Damit auch ja nichts von alledem verloren geht, dreht sich tagtäglich das Gedankenkarussell, Stunde um Stunde. Dabei ist Frau Übelgrübel mit ihren Gedanken stets in der Vergangenheit oder in der, oh weh, Zukunft. Und nur wenn das Karussell mal anhält, steigt sie in der Gegenwart kurz aus.

Herr Zieselmann und Frau Übelgrübel sind die Dinosaurier in meinem Team. Und heute stelle ich fest, die beiden waren doch tatsächlich schon bei meinen Eltern unter Vertrag. Herr Zieselmann war damals stets treuer Begleiter meines Vaters. Frau Übelgrübel stand meiner Mutter fest zur Seite. Als Kind habe ich mich schrecklich über die beiden Begleiter meiner Eltern geärgert, zuweilen haben die beiden mich auch sehr verängstigt. Selbst erwachsen hole ich Zieselmann und Übelgrübel unreflektiert, ganz selbstverständlich in mein ICH-

Unternehmen rüber. Geistiger knock-out oder was? Nur gut, dass ich endlich, endlich mal genauer hingesehen habe.

In dem Zusammenhang muss ich noch den kleinen Binnichtda erwähnen. Mein lieb gewonnener Schatten, nicht sehr laut aber immer dabei. Mal äußert er Bedenken, dass fremde Menschen uns nicht mögen. Ein anderes Mal glaubt er, wir seien falsch gekleidet und überall außen vor. Über alle Lebenszeiten legt Binnichtda ein dünnes, graues Tuch aus Selbstbegrenzung.

Natürlich gibt es in meinem ICH-Unternehmen auch Mitarbeiter wie Frau Planquadrat, immer gut strukturiert und vorbereitet. Oder Karl Kompass, zuverlässig und gradlinig.

Ist es nicht ziemlich spannend zu entdecken, wie viele Mitarbeiter, also Wesensanteile, man in seinem Unternehmen, also in seiner Persönlichkeit, unerkannt hat walten lassen? Bei hilfreichen Anteilen ist das ja nicht schlimm, sondern eine Bereicherung. Aber wie viele blockierende und störende Wesensanteile lassen wir als ganz normal gelten, weil wir noch nicht bewusst von außen darauf geschaut haben. Diese unbewusst wirkenden Persönlichkeitsäußerungen werden von uns durch alltägliche Verhaltenswiederholungen gut gefüttert und somit langsam immer größer. Und dann wundern wir uns zuweilen, dass es nicht richtig vorwärts geht.

Vollversammlung aller Mitarbeiter der ICH-Unternehmensgruppe. Wie schaut dein Team aus, wenn du dich mal für einen Moment in

Ruhe zurücklehnst und deine wichtigsten Persönlichkeitsanteile an den inneren Vollversammlungstisch holst?

Versuche, ganz offen zu betrachten, als wärest du der beste Freund deiner eigenen Person und hättest die Aufgabe zu beobachten und zu beraten. So lassen sich viele nützliche und unangenehme Charakterzüge entdecken.

Sei der Fotograf, der alle zusammenruft und dann ein interessantes, aufschlussreiches Foto entstehen lässt. Es wird kein Bild ergeben, auf dem wir nur negative oder nur positive Mitarbeiter zusammenstehen sehen. Egal, welches ICH-Unternehmen abgelichtet wird, immer ist es eine bunte Mischung aus brauchbaren Anteilen und störenden, ja, sogar falschen.

Wie schaffe ich mir ein besser funktionierendes ICH-Unternehmen?

Zunächst müssen wir eine Vollversammlung einberufen und alle unsere neu entdeckten und auch bereits bekannten Wesensanteile-Mitarbeiter an den runden Tisch holen. Das gelingt ganz gut, wenn wir vor unserem inneren Auge Situationen aus unserem Alltag aufrufen. Eine kleine Hilfe mögen folgende Lebensansätze geben:

Mein Umgang mit meinem Partner, meiner Partnerin. Teile ich alles offen mit ihm, ihr?

Fühle ich mich in der Nähe des anderen Menschen wohl?

Fühle ich mich verstanden? Fühle ich mich in meiner Partnerschaft frei?

Bin ich meinem Partner, meiner Partnerin treu und bin ich ehrlich?

Habe ich Angst vor Auseinandersetzungen in der Partnerschaft?

Wie reagiere ich in Stresssituationen, wie belastbar fühle ich mich?

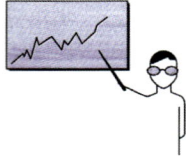

Wie angreifbar und verletzbar bin ich? Habe ich oft das Gefühl der Ablehnung durch andere? Glaube ich, stets auf der Hut sein zu müssen, weil ich nicht vertrauen kann?

Glaube ich an eine gute Zukunft? Kann ich mir vorstellen, von Anderen gemocht und geliebt zu werden?

Kann ich nein sagen, wenn es notwendig ist und bin ich bereit zu helfen, wenn ich gebraucht werde?

Wie steht es mit meiner Fähigkeit zu vergeben? Kann ich in Frieden mit mir leben, Fünf gerade sein lassen?

Kann ich loslassen, wo alles andere keinen Sinn macht? Frei lassen, zulassen, Gottvertrauen, sind das mir vertraute Anteile?

Lache ich gern, auch über mich, kann ich mit anderen mitfühlen? Kann ich zuhören?

Kann ich mich entschuldigen, aber auch mein Recht vertreten?

Angst! Habe ich immer wieder mit Unsicherheiten, mit verschiedenen Ängsten zu tun? Kämpfe ich mit Lebensängsten, die den Alltag schwer machen?

Diese Fragebeispiele helfen, über die eigene Person mit etwas Abstand nachzudenken und sich dabei hier und da wiederzuerkennen. Dabei tauchen vielleicht noch ganz andere Situationen in der Erinnerung auf.

Über sich selbstreflektierend nachzudenken, öffnet Erkenntnisse zum eigenen Wesen. Das können wir nutzen um auszusondern, was uns hemmt und blockiert. Wesensanteile, die uns und anderen Menschen nicht guttun, können wir so nach oben holen und entlassen. Wenn wir erst einmal damit begonnen haben, unsere Persönlichkeit nach vorteilhaften, schönen und auch störenden, unguten Anteilen zu durchforsten, werden wir in den nächsten Tagen immer wieder mal auf neue Entdeckungen stoßen. So kann es uns gelingen, bei einer gründlichen Versammlung möglichst vieler Anteile unseres ICH–Unternehmens ein immer größer werdendes Bewusstsein für unsere Person zu entwickeln.

Damit ist eine wichtige Aufgabe erfüllt. Denn um etwas zu verbessern, müssen wir logischerweise zuerst einmal wissen, was. Dafür müssen wir unser ganzes Sein, so gut es geht, einigermaßen neutral und ehrlich zu uns selbst, beobachten. Hinzu kommt eine mutige, richtige Bewertung des eigenen Verhaltens ohne jede Selbstverurteilung. Wenn uns das einigermaßen gelingt, entsteht ein Gruppenbild unserer Persönlichkeit mit vielen Anteilen und Facetten.

Nun kann es losgehen! Unser Ziel wird sein, blockierende, unternehmensschädliche Mitarbeiter in Frieden zu entlassen. Denn sollten wir als Beispiel den Anteil Zukunftsangst, Wut oder Frau Übelgrübel einfach schwungvoll aus unserem System rausschmeißen wollen , müssten wir bedenken, dass diese Anteile lange Zeit scheinbar gut für uns gearbeitet haben. Sie wurden gepflegt und gepäppelt und unzensiert aktiv mit jeder Wiederholung selbstverständlicher in ihrem Dasein. Rausschmeißen lassen sich solche Kollegen selten. Im Gegenteil, wenn wir eine Wespe vertreiben wollen, indem wir nach ihr schlagen, wird sie uns angreifen. So ähnlich ist das mit negativen Persönlichkeitsanteilen. „Hau ab!" klappt nicht. Damit die entlarvten Negativanteile das Unternehmen nicht protestierend in Unruhe versetzen, braucht es eine diplomatisch strategische Vorgehensweise.

Zunächst wollen wir erkennend akzeptieren, dass dieser Mitarbeiteranteil tatsächlich bei uns ist. Wir verurteilen nicht, wir wundern uns höchstens, dass sich da in unserem System so lange etwas wohl fühlen konnte, was uns nicht weiter hilft. Danach denken wir in Ruhe über eine würdevolle Entlassung nach.

Hierfür brauchen wir eine Vorstellung, wohin dieser unbequeme Anteil gehen kann. Wir denken über ein Abschiedsgeschenk für, leider, treue Dienste nach. Du kannst hinein fühlen, wohin du deinen unschönen Anteil entlassen möchtest. Du wirst spüren, so seltsam es klingt, dass man alte Gewohnheitsanteile nicht irgendwo hindenken kann. Sie brauchen ihren würdevollen Platz, nur nicht mehr bei dir.

Praktisch sieht das mit dem Beispiel Zieselmann so aus:

Unser Herr Zieselmann ist für unser (Persönlichkeits-)ICH-Unternehmen, nachdem wir ihn ganz deutlich identifiziert haben, leider nicht mehr tragbar. Er wird entlassen. Wir schaffen uns vor unserem inneren Auge eine möglichst genaue Vorstellung von unserem Herrn Zieselmann, so, als sei es eine eigenständige, real existierende Person. Wir müssen ihn uns bildhaft greifbar machen.

Ein Gefühl können wir nur schwer entlassen. Ein Gefühl, dem wir ein genaues Bild, wie bei einem Foto geben, das können wir fassen, außerhalb von uns setzen und viel besser entlassen.

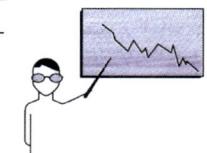

Wie mag Herr Zieselmann aussehen?

Vielleicht ein kleiner, schmaler, grauer Typ, im grauen Anzug, immer nervös, fahrig und angreifbar, eben Herr Zieselmann.

Wir fragen ihn: „Wo magst du hingehen? Hier hast du definitiv keine Arbeit mehr." Ein Anteilstyp wie Zieselmann wird sicherlich nicht ins Altenheim wollen und Vorruhestand geht gar nicht. Das wird in uns kaum gute Resonanz geben. Besser ist da wahrscheinlich ein anderer Vorschlag (in unserer Vision); Herr Zieselmann bekommt einen neuen Job als Pyrotechniker, weit weg von uns und ist fortan zuständig für die Zündungen verschiedenster Feuerwerkskörper.

Was schenken wir Herrn Zieselmann zum Abschied?

Wir überlegen uns ein passendes Geschenk. Das mag eine Rakete für schnelles Erreichen der neuen Arbeitsstelle sein oder einfach ein Blumenstrauß. Wir überreichen das Geschenk in unserer Vorstellung und sehen dabei, wie Zieselmann uns verlässt und bester Dinge seinem neuen Arbeitsfeld ganz woanders entgegen strebt.

Zum Abschluss fühlen wir in den Ablauf hinein und spüren nach, wie es dem Anteil mit dieser Entlassung geht, ob alles rund und gut so ist.

Ähnlich können wir mit allen weiteren, nicht mehr tragbaren Mitarbeitern unseres Systems vorgehen.

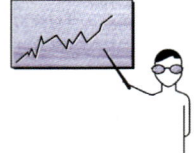

Ganz wichtig, wir sollten beim Durchchecken auf keinen Fall unsere angenehmen, so hilfreichen und sympathischen Anteile übersehen. Es steht ihnen zu, dass wir sie einmal ganz besonders lobend und anerkennend hervorheben! Wir sollten ihnen zum Dank für ihre Unternehmenstreue und zur weiteren Ausbreitung in der Zukunft, in der nächsten Zeit viel Aufmerksamkeit und Anerkennung zukommen lassen. Das wird sie deutlich, zum großen Vorteil für uns, verstärken.

Unsere Umstrukturierung des ICH-Unternehmens für mehr Persönlichkeitsstärke in Kurzfassung:

- Wir berufen eine Vollversammlung ein, entlarvte Anteile werden auf Papier notiert. Wer mag, malt den Anteilen ein Männchen mit entsprechendem Gesichtsausdruck. Das macht den Umgang mit den eigenen Schwächen angenehmer und annehmbarer.

- Wir nehmen uns einen sehr störenden Anteil heraus. Er erhält eine eigene Identität; der Anteil bekommt einen passenden Namen, wie sieht er aus? Welche Farben beschreiben ihn?

- Wir suchen eine neue Wirkungsstätte passend zum Anteil und ein Abschlussgeschenk.

- Entlassung in Frieden.

- Positive Anteile besonders herausstellen, durch liebevolle und dankbare Aufmerksamkeit in der nächsten Zeit verstärken.

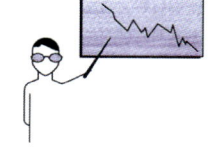

Der Zensor

Es gibt in fast jedem von uns einen Anteil, der aufgrund seiner Wirkkraft einer eigenen Betrachtung bedarf. Der **Zensor.** Er bildet sich meist sehr früh in unserem ICH-Unternehmen. Unbemerkt wächst er mit und wird, wenn wir erwachsen sind, ganz selbstverständlich geduldet. Dieser Zensor macht oft einen Großteil unserer Persönlichkeit aus. Wie entsteht er?

Nehmen wir das Beispiel eines fünfjährigen Kindes. Eltern, die kritisieren, ständig abwerten und dem Kind klar machen:„Du bist nicht schlau, nicht so wichtig und machst viel falsch.", zensieren ihr Kind dauernd. Sie agieren als Zensor. Wiederholen sich diese Negativbewertungen immer wieder, und das auch noch über Jahre, dann entsteht für dieses Kind ein festes Bild zu seiner Person. Es ist, wie wir wissen, ein falsches Bild, aber durch die Jahre unbewusst zur sogenannten Wahrheit geworden.

Das führt dann leider, sind wir selbst erwachsen, zur Übernahme des Elternzensors. Wir zensieren uns in gleicher Weise, wie es in der Kindheit durch andere geschehen ist.

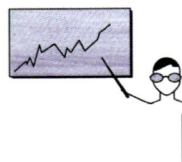

Ich bin nicht fähig genug. Ich bin nicht wichtig. Ich bin nicht schön. Alle anderen sind größer. Ich kann nicht. Ich habe Angst vor neuen Aufgaben. Ich gehöre nicht dazu. Man wird mich ablehnen. Ich bin austauschbar. Ich habe Angst vor fremden Menschen. Ich mache das nicht gut genug. Ich muss perfekt sein. Ich habe Angst vor Verurteilungen und Strafe. Es wird schief gehen. Ich werde es nicht schaffen. Ich habe Angst, krank zu werden. Ich habe keine Chance. Ich bin Opfer. Ich weiß, dass alle dagegen sind. Es hat keinen Wert. Ich probiere es erst gar nicht …

Diese Gedanken, die für manchen Gewissheit bedeuten, sind Zensoren, die vom Außenzensor zum Innenzensor geworden sind. Sie begleiten uns. Ein Schatten, der das ganze Leben einfärben kann!

Wenn wir uns das mal realistisch vor Augen führen, was haben wir uns da zugelegt? Wie leiden wir noch als Erwachsene an Kindheitserfahrungen, indem wir das, was Eltern früher mit uns gemacht haben, heute ganz unreflektiert uns selbst antun?

Was genau macht einen aktiven Zensor aus? Er zensiert! Damit übt er Macht aus. Das bedeutet: Der Zensierte fühlt sich unterlegen, handlungsunfähig oder er erkennt die Zensur als solche gar nicht, weil die Kindheit durch dominantes Elternverhalten geprägt war. Je strenger eine Zensur in Kindertagen ausfällt, umso heftiger muss ein Kind seine ursprüngliche Art ‚verkleiden‘ um von den zensierenden Eltern akzeptiert zu werden. Das heißt, das arme Kind wird sich den Wünschen der Eltern entsprechend verhalten. Auch dann, wenn es absolut nicht zu seinem Besten ist. Das führt dann, wenn diese Interaktionen über Jahre so wiederholt werden, zur kompletten Verschiebung der natürlichen Persönlichkeit. Und da ein solches Kind sich anpasst und entspricht, erhält der Zensor, der Zensierende, keine Signale für sein falsches Tun. Eine Zensur, wenn sie nicht aus notwendigen Gründen zur Vermeidung von Schaden eingesetzt wird, hat nichts mit Stärke zu tun. Im Gegenteil: Ein starker Mensch, starke Eltern, müssen nicht als Zensoren agieren. Sie besitzen eine natürliche Autorität. Sie können kindgerecht kommunizieren, lassen Kompromisse zu und können ihrem Kind gegenüber Fehler eingestehen. Starke Eltern loben, schenken Anerkennung und müssen ihr Kind nicht unterdrücken.

Wer andere ‚kleinhalten‘ mag, hat Angst vor deren Stärke. Zensierende, fordernde Eltern sind keine starken Eltern, denn sie benutzen Machtwerkzeuge um vermeintlich groß zu sein.

Übrigens, Zensoren dieser Art finden wir auch in Diktaturen. Allesamt keine starken, authentischen Menschen.

Zensor entdeckt, Zensor enttarnt. Jetzt können wir verändern!

Jahrelang hat uns ein Anteil begleitet, den wir für die Wahrheit unseres Lebens gehalten haben. Wir kannten es nicht anders. In diesem Sinne hat der Zensor treu gedient. In dem Maße aber, wie wir unserer gewahr werden, verliert der Zensor seinen Job. Er passt dann Gott sei Dank nicht mehr in unsere Welt.

Ein Zensor ist ein recht intelligenter Anteil. In der Vergangenheit ließ er sich immer neue Ideen einfallen, die ins Loser-System passten. Diese Kreativität können wir uns neu zunutze machen.

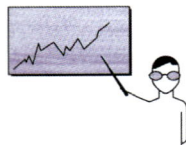

Rausschmeißen wird so schnell nicht gelingen, Zensoren sind äußerst gut trainierte Gedanken. Viel erfolgreicher ist Transformation. Wir verändern den Zensor zum guten Berater.

Nimm dir etwas Zeit, setze dich in Ruhe an einen gemütlichen Ort. Wir wollen deinem Zensor einen neuen Auftrag in deinem ICH-Unternehmen geben.

Dein Zensor hat dich über Jahre treu begleitet. Er war zur Selbstverständlichkeit geworden. Man hat ihn nicht hinterfragt. Gedanken des Zensors waren wie eine Wahrheit. Lass uns das zunächst erkennen und akzeptieren. So war es eben. Nun zu dem neuen Auftrag:

Lieber Zensor, du hast deinen Dienst getan. Von den Eltern, weit zurück, habe ich dich übernommen. Du warst mir so vertraut. Nun aber verändere ich mich. Mir wird klar, dass ich ja gar nicht so bin, wie Vater oder Mutter mich damals behandelten. Mit dieser Erkenntnis ist dein ständiges Mir-in-den-Ohren-Liegen unbrauchbar geworden. Du hast nun zwei Möglichkeiten: Entweder du löst dich komplett auf, oder aber du transformierst dich in meinem Sinne. Ab heute bin nämlich ich hier der Chef, die Chefin in meinem Gedankenzentrum! Du darfst nur bleiben, wenn deine Beiträge sinnvoll und konstruktiv sind. Einen Zensor brauche ich definitiv nicht mehr. Ich weiß nun um meine Wertigkeit und passend dazu wirst du mich unterstützen. Du kannst dann, bei guter Führung, ab heute mein Berater sein. Und so, wie du mich immer darauf hingewiesen hast, dass ICH ja NICHT KANN, erinnere mich ab heute immer wieder, dass ICH KANN!

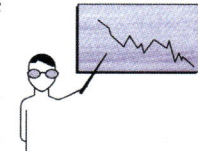

Es wird eine Weile dauern, bis der Zensor zum guten Berater geworden ist. Neue Jobs sind Herausforderungen. Es ist ein wichtiger Baustein auf dem Weg zum ‚Innen gut, alles gut!‘

Blüten für die Seele

Meine eigenen Erfahrungen mit sehr vielen Menschen, die durch Einnahme von Bachblüten ihr Wachstum sehr erfolgreich unterstützen konnten, sind so überzeugend, dass es mir ganz wichtig ist, diese Blütentherapie etwas genauer vorzustellen.

Die Blüten tragen ihren Namen nach ihrem Entdecker und Entwickler der dazugehörigen Therapie, Dr. Edward Bach.

Dr. Edward Bach (1886-1936) war als Arzt zunächst Unfallchirurg. Er befasste sich mit Homöopathie und konzentrierte sich im Laufe seiner Zeit zunehmend auf Zusammenhänge von Körper, Geist und Seele.

Mit der Gabe zu einer ungeheuren Sensitivität, mit der er Gefühlszustände anderer Menschen erspüren und an sich selbst dann wahrnehmen konnte, entdeckte er, dass bestimmte Pflanzen diesen Gefühlszuständen entsprechen.

So fand er immer wieder neue Pflanzen, bei denen er Energien zur Behandlung psychischer Missempfindungen wahrnahm. Mit 37 verschiedenen Pflanzenbotschaften und der Energie aus Quellwasser hatte er ein komplettes System zur Reinigung, Stärkung und Wiederherstellung seelischer Gesundheit gefunden.

> *Krankheit ist eine Art von Festigung der geistigen Haltung, man braucht nur den Geist eines Patienten zu behandeln, und die Krankheit verschwindet.* – Originalzitat von Dr. Bach.

Praktisch umgesetzt heißt das für uns: **Alle Leidenszustände sind Verschiebungen der gesunden Persönlichkeit.** Alle diese verschiedenen Blüten tragen Informationen zur Korrektur unterschiedlicher Leidenszustände. Ein paar praktische Beispiele zeigen uns, wofür wir die Blüten einnehmen können.

Übertriebene Sorge um andere, mangelnder Selbstwert, Schuldgefühle, Traumen, Pessimismus, Aggressionen, Gedankenkarussell, Zukunftsängste, Panik, Ungeduld, Kontaktprobleme, Eifersucht oder Intoleranz gegenüber sich und anderen … Das ist eine kleine, bunte Liste, herausgewählt aus einem großen Einsatzspektrum.

Bei allen Formen von Angst zeigen sich die Bachblüten als besonders erfolgreich. Sei es die Angst vor Prüfungen, vor Krankheiten, Lebensangst bis hin zur Panikattacke, Angst, nicht gut genug zu sein, oder Angst um Kinder oder Partner. Bachblüten helfen, den Gemütszustand des Leidenden deutlich zu verbessern. So findet die Persönlichkeit in ihr gesundes Zentrum zurück.

Da Bachblüten feinstofflich wirken, kann man sie problemlos zu jedem weiteren Mittel ergänzen.

38 verschiedene Einsatzmöglichkeiten jetzt genauer zu erläutern, würde zu weit führen. Ich möchte dir aber aus eigener Überzeugung

Bachblüten-Selbstbehandlung ans Herz legen. Gute Bücher zu dieser Selbsttherapie gibt es unter anderem von Dr. med. Götz Blome.

Die inzwischen sehr bekannten ‚Rescue-Tropfen‘ sind die einzige fertige Mixtur aus 5 Blüten, die so in Apotheken gekauft werden kann.

Einsatz findet dieses Kompositum bei allen Formen von Schock, um aus der ersten Schockstarre herauszuhelfen, bei großen Ängsten, Lampenfieber und starkem inneren Druck. Es hilft beim Sedieren vor Operationen und zur Beruhigung vor Prüfungen.

Geeignet sind Bachblüten für alle: Erwachsene, Kinder, alte Menschen und selbst Tiere. Es gibt keine bedenklichen Nebenwirkungen, keine Entwicklung zur Abhängigkeit.

Gemischt werden aus den 38 Möglichkeiten ungefähr 3 bis 7 passende Konzentrate. Man träufelt pro Konzentrat eine Pipette in ein Glasfläschchen, das mit Wasser zu dreiviertel gefüllt ist. Aufbewahrt wird das Fläschchen mit Bachblütenwasser im Kühlschrank. Ohne Kühlung muss zur Konservierung etwas Essig oder ein halber Teelöffel Alkohol hinzugefügt werden. Im Durchschnitt nehmen wir 2-mal täglich 2 Pipetten aus einem 50-ml-Glasfläschchen ein.

Wir erhalten die original englischen Bachblüten in gut sortierten Apotheken, die es auch im Internet gibt.

Eine ganz wunderbare Energie haben die BIO-Bachblüten aus der Schweiz. Die Felder und Bäume für den Anbau und die Ernte der speziellen Blüten und Knospen, das Quellwasser für Rock Water, alles „liegt unberührt von jeder Industrialisierung hoch oben in den Schweizer Alpen. Auch diese Bachblüten können wir im Internet bestellen. Schweizer BIO-Bachblüten werden in Globuliform auch für Hunde, Katzen und Pferde aufbereitet. Tiere reagieren meist sehr gut auf Bachblüten, schließlich sind sie ja genauso beseelte Wesen wie wir Menschen. Auch sie kennen Ängste, Aggressionen, Trauma, Eifersucht oder Vermissen und viele andere Emotionen, nur eben auf Tierebene.

Wer ganz sicher gehen möchte bei der Auswahl der richtigen Blüten, wendet sich am besten an eine(n) Heilpraktiker(in), der, die mit den Blüten arbeitet, oder an eine(n) Bachblütentherapeut(in).

Diese Methode verlangt keine wissenschaftlichen Vorkenntnisse, sondern nur Verständnis und Mitgefühl für den Menschen, und diese Voraussetzungen bringt fast jeder von uns mit.

(Dr. Edward Bach 1936, öffentlicher Vortrag in Wallingford)

Es ist tröstlich zu wissen, dass wir gottlob viele Möglichkeiten haben, alte, belastende Muster wieder loszuwerden. Der Weg zum Ziel wird sich bei jedem von uns anders darstellen. Dabei spielt es eine große Rolle, aus welcher Kindheitserfahrung wir starten. Wurden wir traumatisiert, verängstigt, ganz von uns weggebracht oder haben wir es mit leichteren Verformungen zu tun? Der Weg wird entsprechend anspruchsvoller oder leichter sein.

Menschen, die viel loswerden wollen, zeigen oft zu Beginn einen akuten Schub. Es geht, für ihr Empfinden, einfach heftig los. Das macht dann eventuell, wenn man unvorbereitet und noch ohne Wissen über die Hintergründe ist, zunächst Angst.

Ich habe mal aus dem fiktiven Tagebuch einer Wachstumsfrau mit Angstthema einen solchen Ablauf im nächsten Kapitel beschrieben.

Montagmorgen, bin spät dran, würde am liebsten liegenbleiben. Habe ganz schlecht geschlafen, komisch geträumt. Geschwitzt, fühle mich wie gerädert, werde abends weniger Alkohol trinken, weniger rauchen. Wobei, das beruhigt immerhin. Bin in letzter Zeit nur noch unter Strom, lustlos, ganz seltsam. Egal, muss los. Autofahren fühlt sich heute anders an. Beklemmend, würde am liebsten total langsam fahren. Alles scheint viel zu schnell, viel zu laut. Was soll das?

Das beklemmende Gefühl wird mehr. Möchte eigentlich nicht weiterfahren, komische Angst. Bekomme Herzrasen, bin ganz benommen, kriege mehr Angst, will nur nach Hause. Glaube, ich bin krank. Fühle mich sehr in Gefahr, ganz, ganz ungut. Schaffe es irgendwie zu meinem Hausarzt. Warten, bis ich dran bin, wird zur Ewigkeit. Alles viel zu unruhig, muss zittern, hab viel Angst, was ist los?

Der Arzt misst den Blutdruck und macht ein EKG, der Puls ist hoch, EKG okay. Er nimmt Blut ab, alles dauert viel zu lange. Aber der Arzt kann nichts Auffälliges finden, er gibt Baldriantropfen mit. Komme irgendwie nach Hause, hier wird es etwas besser. Lege mich hin und schlafe ein, träume heftig und unschön. Werde wach, Schwitzen, Übelkeit, Unruhe.

Am nächsten Tag ist es nicht viel besser, schleppe mich erneut zum Arzt, bekomme einen Krankenschein. Blutbild ist völlig in Ordnung, Entwarnung. Zunächst hilft das auch, aber Unruhe und immer wieder diese Angst bleiben.

Wochenende, Party bei Freunden. Fahre total zittrig und nervös hin, fühle mich dort wie ein einziger Krampf. Alles ist angespannt, Kopf brummt, sehe leicht undeutlich, stehe neben mir. Hoffe, keiner auf der Party merkt es.

Ab 23.00 Uhr wird es deutlich leichter, gleich darf ich nach Hause fahren. Bei dem Gedanken kann ich komischerweise auch bleiben.

Am nächsten Morgen mächtig Muskelkater und Druck im ganzen Körper. Es baut sich wieder Unruhe in mir auf.

So vergehen die nächsten zwei Wochen. An Arbeit ist gar nicht zu denken. Die Vorstellung alleine macht schon Angst. Inzwischen fällt auch das Einkaufen und das Autofahren schwer. An jeder roten Ampel kommt Angst hoch und das Warten in einer Schlange an der Supermarktkasse wächst zur riesigen Herausforderung heran.

Nach weiteren zwei Wochen ist mein Fahrradius auf ungefähr drei Kilometer geschrumpft und ich verlasse ein Geschäft, wenn dort zu viele Menschen gerade einkaufen oder sich Warteschlangen an der Kasse gebildet haben. Eigentlich möchte ich die Wohnung gar nicht mehr verlassen. Glaube, bin doch gefährlich krank oder drehe noch durch. Angst.

Nach einem Monat, ich lebe erstaunlicherweise noch trotz täglicher Angstzustände und nächtlicher Attacken, ruft mich eines Abends Betty, eine alte Freundin, an. Habe lange nicht mehr von ihr gehört. Betty merkt sofort, dass etwas mit mir nicht stimmt. Obwohl ich gar nicht reden will, erzähle ich dann doch von meinem miserablen Zustand ohne Lösung. Inzwischen war auch ein EEG gut ausgefallen, aber was nutzt das? Alles scheint okay und doch stimmt nichts mehr!

Dieses Telefongespräch mit ihr wird zum wichtigsten in meinem Leben. Ich werde das, was diese Freundin sagte, nie vergessen. Mein Zustand verwunderte sie überhaupt nicht, im Gegenteil. Betty sagte, das sei die wertvollste Zeit in meinem Leben. Ich fühlte mich für fünf Sekunden mächtig verarscht und wollte gerade bereuen, etwas erzählt zu haben, da sagte sie weiter, dass sie diese Erfahrungen und Gefühle nur zu gut selber kennt. Und wie grausam es war bis zu dem Moment, in dem ein guter Psychologe ihr erklärte, was bei ihr los ist. Auch ihr sagte der Psychologe damals, wie wichtig diese fürchterliche Zeit ist. Das Leiden dient dem Wachgerüttelt werden, um zu wachsen, um zu erkennen, dass etwas falsch gelebt und falsch zugelassen wird. Wir leben so oft unbewusst nach alten Mustern, die uns gar nicht guttun. Aber leider werden wir meistens erst durch Leiden wach. Das macht es sinnvoll und wichtig, um weiterzukommen und daraus frei zu werden.

In der Folgezeit lernte Betty gründlich, wie die Seele rebelliert, wenn die Zeit für Bearbeitung und Veränderung von Erlebtem reif ist. Sie lernte zu begreifen, dass Aushaltesituationen aus der Kindheit bei Ausbruch der Leidenssignale vorübergehend zu Problemen und Ängsten, zum Beispiel im Alltag bei Warteschlangen im Geschäft oder Stau auf der Straße oder gar bei einer roten Ampel, führen können.

In jeder neuen Sitzung beim Psychologen erarbeitete Betty während ihrer eigenen Wachstumskrise Stück für Stück etwas mehr von den Zusammenhängen von Ursache und Wirkung. Welche Wirkung es macht, als Kind unterdrückt worden zu sein, seinen Wert nicht mitgeteilt bekommen zu haben. Ohne Ursache gäbe es später keine entsprechende Wirkung.

In diesem Telefongespräch mit meiner Freundin erfahre ich das erste Mal bewusst etwas über die Zusammenhänge des sich seelisch leidend Fühlens, mit dem Glauben, es wird nie wieder besser werden, dem Erarbeiten der Vorgänge in der eigenen Persönlichkeit und der Erfahrung, wie es allmählich tatsächlich doch aufwärts geht. Betty sagte dazu etwas, das ich aufsaugte wie Rosenduft: wenn kein Arzt etwas Bedenkliches gefunden hat, ist mein jetziger Zustand Übergang in eine viel schönere Zeit. Und wer los geht, in diese fiese Bewegung kommt, der kommt auch durch.

In dieser Nacht kann ich seit langem das erste Mal ungestört durchschlafen. Am Morgen kommen Unruhe und Angst wieder. Aber es fühlt sich ein wenig anders an, nicht mehr so grenzenlos hilflos. Es scheint eine Lösung zu geben. Ich bin nicht unnormal und auch vielleicht doch nicht gefährlich krank. Mache einen Termin bei Bettys Psychologen und fühle sogar so etwas wie eine leise Freude, kann ohne Übelkeit essen. Habe allerdings große Bedenken, wie ich die Strecke zum Psychologen fahren soll. Die Praxis ist 18 km entfernt, scheint mir sehr weit. Schlafe deshalb in der Nacht vor dem Termin kaum. Morgens große Angst, Unruhe, Herzrasen, stehe total neben mir. Frühstücken geht nicht. Will aber zu dem Psychologen und steige mit zittrig steifen Beinen in mein Auto und, oh Wunder, fahre los. Komme sogar an, steif, verkrampft und neben mir. Habe gar keine Wartezeit. Der Mann ist sehr ruhig, mein Zustand scheint ihm nicht unverständlich. Werde ruhiger.

Wir reden über meine Kindheit, meine Eltern. Ja, ich hatte große Angst vor dem strengen Vater. Wie oft hatte er mich in die Besenkammer eingesperrt. Wie oft abends hungrig ins Bett geschickt. Der Psychologe erarbeitet mit mir, dass ich viel, zu viel aushalten musste, mich nicht geachtet fühlte, immer wieder wie ausgeliefert war und große Angst vor Vaters nächster Strafe hatte. Heute, als erwachsene Frau, kämen genau diese Gefühle aus der Kinderzeit hoch, um erkannt und verändert zu werden. Heute sei ‚die Besenkammer' der Moment, wenn ich in einer Schlange oder vor der roten Ampel aushalten müsse.

Das und noch mehr, erklärt der Psychologe, hat dazu geführt, dass ich bisher kein wirklich freies Leben geführt habe, bis vor einigen Wochen meine alten Wunden aufgebrochen sind und sich durch die längst verdrängten Gefühle von Angst und Unsicherheit bemerkbar machten.

Ich möchte nicht mehr aus der Praxis raus, aber mein Termin ist vorbei. So gut wie nach dieser Sitzung ging es mir lange nicht mehr. Ich habe eine nachvollziehbare, logische Aufklärung meines Zustandes von diesem Mann bekommen. Er hält mich für ganz normal und gesund, sagt, meine Seele sei durch die Ereignisse in meiner Kindheit überfordert worden und meldet sich nun, um wieder frei zu werden.

Mache neuen Termin. Kann einfach in mein Auto einsteigen und losfahren. Kann sogar an der Eisdiele anhalten und Vanilleeis kaufen und dann heimfahren.

Zu Hause sitze ich auf dem Balkon und esse Eis, esse Eis, esse Eis. Abends ruft Betty an und fragt, wie es beim Psychologen war. Könnte Betty umarmen, den Psychologen auch. Es geht weiter und vielleicht wird alles gut.

Schlafe in der folgenden Nacht prima. Werde morgens früh wach und … habe Angstzustände. Bin verwirrt, bin enttäuscht. Doch etwas nicht in Ordnung mit mir? Gestern war es doch schon so richtig gut, möchte weinen, geht aber nicht. Draußen scheint die Sonne, viel zu hell. Denke über den Termin beim Psychologen nach, werde dadurch seltsamerweise ruhiger. Möchte am liebsten sofort wieder hin. Dauert aber noch eine Woche.

Bis zum nächsten Termin wechseln sich Phasen großer Angst und starker Unruhe ständig ab mit Stunden, in denen es mir inzwischen besser geht. Vor allem dann, wenn ich an das sehr tröstliche Gespräch in der Praxis denke. Arbeiten kann ich noch nicht wieder. Alles ist nach wie vor äußerst anstrengend.

Es kommt der Morgen, an dem ich wieder in die Praxis darf. Habe Angst vor der Autofahrt. Heute mit etwas mehr Freude gemischt. Das Gespräch mit dem Psychologen tut wieder sehr gut. Bekomme viele Antworten und Erklärungen zu meinen heftigen Zuständen. Wir machen Visionsübungen, mentale Transformationen, schreiben. Fühlt sich bei der Durchführung komisch an, alte Bilder und Gefühle melden sich. Für einige Minuten Rumoren im Bauch und ein angstvolles Gefühl im Plexus. Geht dann wieder weg. Alles ein bisschen seltsam, fühle mich wie leicht schwebend, etwas vom Boden abgehoben. Und noch mal Erklärungen, die beruhigen. Möchte auch heute viel länger in der Praxis bleiben. Mache neuen Termin und kann wieder gut heimfahren.

In der nächsten Zeit erlebe ich ein Wechselbad aus Angst, Unruhe, schweren Träumen, ungekannten Glücksgefühlen, plötzlicher Traurigkeit, Wut, Hoffnung und wieder Angst.

Es folgen noch einige Sitzungen bei dem Psychologen und ich begreife immer mehr, was Wachstum ist. Wie man Persönlichkeit und Bewusstsein entfaltet. Und ganz langsam bekomme ich ein Gefühl für die Aussage: „Diese schlimme Zeit ist die wertvollste im Leben.“

Immer noch kommen Angstattacken, aber sie bauen sich schneller wieder ab. Außerdem habe ich Möglichkeiten, Anleitungen vom Psychologen bekommen, die helfen, Unruhe, Angst und schwere Gedanken in den Griff zu kriegen.

In der letzten Sitzung kam zur Sprache, dass mein labiler Zustand grundsätzlich Übergang bedeutet und dass irgendwann gar keine Angst und großen Unsicherheiten mehr in mir rumoren werden. Sobald ich mir meine Veränderung hin zu Selbstannahme und Wissen um den eigenen Wert erarbeitet habe, wird es ruhig in mir werden. Möchte das glauben, traue dem Braten aber noch nicht so ganz. Zu lange war es schlimm und zeitweise kaum auszuhalten. Vertrauen, alles wird gut, ist ungeheuer schwierig.

Inzwischen klappt aber wieder immer mehr im Alltag. Sogar einkaufen geht leichter, allerdings immer noch manchmal von Einbrüchen gestört.

Seit kurzem melden sich diffuse Schmerzen im Körper. Der Rücken und die Beine sind besonders betroffen. Dann Kopfschmerzen und immer wieder eigenartig wandernde Muskelgeschichten. War beim Arzt, besondere Vorkommnisse waren nicht erkennbar. Habe meinem Psychologen davon erzählt und erfahren, dass sich seelische Vorgänge im Körper anhaften und einlagern können wie Giftschlacken. Alles Erlebte setzt sich als Information im Körper fest. Wenn wir nun Leben bearbeiten, kommen auch diese seelischen Ablagerungen in Bewegung, der Körper reagiert. Da er materieller ist als Geist und Seele, reagiert er meist nach den seelischen Bearbeitungen, er hinkt in seinem Befreiungsprozess hinterher. Ich soll viel warmes, gut abgekochtes Wasser trinken. Wenn es geht, viel Ruhe und Spaziergänge bei jedem Wetter. Wenn die Seele arbeitet, kostet das immens Kraft. Kommt die Reinigung des Körpers hinzu, sollten nicht zu viele Außenreize stören. Je mehr unsere Seele, unser Geist arbeitet, umso mehr Ruhe brauchen wir. Wir helfen uns durch Erdung. Gartenarbeit und Werken zählen genauso dazu wie Laufen, Naturbetrachtung, schöne, leichte Musik und angenehme Gespräche oder Heiterkeit zu erleben.

Die Abstände meiner Sitzungen werden nach einem Vierteljahr größer und das ist auch ganz in Ordnung für mich.

Nach knapp einem Jahr ist das Meiste geschafft. Bildlich betrachtet ist es bei mir inzwischen wie bei einem abziehenden Gewitter. Zuerst hatte es ohne Unterlass geblitzt und geknallt. Jeden Moment hatte man mit Einschlag und Brand gerechnet. Wirklich passiert war gottlob nichts. Nun zieht das Gewitter ab, es rummelt deutlich leiser, blitzt viel seltener. Ab und zu knallt es noch unerwartet laut, aber auch hier werden die Abstände immer größer.

Ich übe nun wirklich zu vertrauen, dass alles gut wird. Tageweise gelingt es schon … fast.

Habe gestern Abend mit Betty telefoniert. Bin ihr sehr dankbar, dass sie mir damals wegweisend weiterhelfen konnte. Wie wenig wusste ich bis zu meinem Ausbruch über Wachstumssymptome. Wie unbewusst meiner Selbst war ich durchs Leben getapst. Alleine wäre ich nie auf die Idee gekommen, dass alte Wunden, falsches Denken und entsprechendes Leben sich so heftig körperlich melden können. Deshalb auch mein Unverständnis, wenn der Arzt nichts fand. Bin sehr froh, dass unser Psychologe mir so zuverlässig zur Seite stand und auch heute noch steht und dabei Klarheit für einen richtigen Weg geben kann.

Neulich sagte er, dass ich bald zurückblicken und dann denken werde: Es war eine sehr harte Zeit. Noch einmal möchte ich das alles ganz sicher nicht mitmachen, aber ich bin dankbar, diesen Pfad durch das Nadelöhr der großen Veränderungen gegangen zu sein. Ohne diese schlimme Zeit wäre ich niemals so gewachsen. Ich fühle, der Psychologe hat recht und ich lerne auch, so zu denken und zu begreifen.  Noch bin ich nicht ganz auf sicherem Boden, aber es ist etwas mit mir passiert. Meine Wahrnehmungen haben sich verfeinert.

Vieles ist anders geworden. Habe ich Zeit für ein Frühstück, genieße ich jetzt meinen Tee oder Kaffee und freue mich, wie lecker Käse auf Brot schmecken kann. So viel bewusster nehme ich neuerdings die Natur wahr. Wie intensiv schön riecht Lavendel oder Flieder. Mit welcher Ausdauer bauen kleine Vögel ihre Nester. Sonne wärmt und macht innen leichter, Wind macht frei und Regen lässt mich ruhiger werden. Bäume teilen etwas mit, jeder Baum anders. Alles ist miteinander verbunden. Kirschblüten mit Bienen und Schmetterlingen. Die Wiese mit dem Baum und die Vögel mit dem Himmel darüber. Und wir mittendrin, ein Kollektiv aus Menschen, Tieren, Pflanzen, Situationen und Zeit.

Überhaupt habe ich neuerdings Sekundenmomente, in denen sich in meinem Plexus ein ganz starkes Gefühl ausbreitet, das mich wärmt und denken lässt, wir Menschen sind in einem Netzwerk alle miteinander verbunden. Jeder auf seine Art, mit seinen Lernaufgaben, seinen Fehlern und Defiziten, Ängsten, Freuden und seinem ganz eigenen Lebensweg. Das ist ein sehr sicheres „Alles ist gut"-Gefühl. Noch hält es leider nur recht kurz an.

Grundsätzlich empfinde ich aber inzwischen deutlich größeres Mitgefühl mit anderen in ihren Lebenssituationen, verbunden mit der Erkenntnis, dass ich viel mehr Verständnis als früher für die Unterschiedlichkeit der Menschen um mich herum habe. Dadurch bin ich längst nicht mehr so angreifbar, so leicht zu verletzen. Ein fürstliches  Gefühl beginnt sich langsam in mir zu etablieren! Dankbar sein, in immer neuen Situationen. Danke denken und mich freuen über Kleinigkeiten. Es klappt noch nicht durchgängig. Aber in den Momenten, in denen ich dankbar empfinden kann, spüre ich deutlich den Zusammenhang mit meinem gestiegenen Selbstwert, der mich und andere und viele Situationen angenehm leichter zulassen kann. Es hat sich entwickelt aus der Erfahrung der schwierigen Wachstumszeit.

Wer längere Zeit eingesperrt war in einem fensterlosen Raum aus Angst, Verzweiflung, Hilflosigkeit und Kopfkarussell, mit dem sicheren Glauben:„Da komme ich nie wieder raus!", hat zwei Möglichkeiten. Entweder man ackert sich durch und gibt nie wirklich auf oder man verharrt oder verfällt in Selbstmitleid, Opfer sein oder aggressives Abwehren. Der sich Durchackernde wird unterwegs viel leiden, auch zweifeln und oft umkehren oder aufgeben wollen und dabei immer bewusster weiterkommen. Nach der Zeit kann er aber Leben mit anderen Augen sehen und ganz anders begreifen.

Der Verharrende oder Opferdenker wird, sobald es etwas ruhiger in ihm ist, weitermachen wie zuvor. Es ist dann wie bei einem Auto, das den Kreisverkehr nicht verlässt. Es fährt, kommt aber nicht wirklich weiter. Wer den heftigen Weg des Wachsens gegangen ist, lernt, Probleme besser einzuschätzen, Wichtiges von weniger Wichtigem zu unterscheiden. Man lernt, an Lösungen zu denken, anstatt in Problematik festzuhängen, das Leben positiver anzugehen. Wohl wissend, wie schlimme Zeiten sein können, nimmt man friedliche Momente, schöne Ereignisse, gut gegangene Situationen viel bewusster und dankbarer wahr. Das ganze Leben wird so viel intensiver.

Alles das kriege ich inzwischen besser hin. Es ist ein neues, gutes Gefühl, das ich nicht mehr missen möchte. Sicher weiß ich, es wird bestimmt noch eine Weile dauern, bis mein System ganz störungsfrei und rund läuft und ich ganz bei mir bin, ganz zu Hause in dieser Welt.

Mittlerweile arbeite ich auch wieder. Auch hier ist jetzt einiges anders. Ich bin ruhiger geworden und sicherer bei dem, was ich tue. Ich lerne NEIN zu sagen, wenn es angebracht ist. Auch wenn sich das noch ein wenig komisch und fremd anfühlt. Ich fühle mich besser akzeptiert. Heute weiß ich, dass vieles mit dem Verhältnis zur eigenen Person zu tun hat. Ich kann mich leichter annehmen, so wie ich bin, mich mehr mögen, und spüre nun, dass es die anderen dann auch können. Was ich aussende, bekomme ich tatsächlich zurück. Zweifel ich nicht an mir und kann den Menschen neben mir zulassen, ohne mich bedroht zu fühlen, so geht er in Resonanz und das Miteinander wird harmonischer.

Zeit ist vergangen. Ich schreibe viel seltener in mein Tagebuch. Der Alltag holt mich Stück für Stück zurück. Und immer wieder tauchen noch Unsicherheiten und Bedenken auf, wirkliche Ängste aber nicht mehr. Die ganz schlimmen Gefühlszustände vom Beginn meiner Wachstumszeit kann ich heute gar nicht mehr aufrufen. Das ist auch gut so. Ich weiß nur, es war eine wichtige Zeit in meinem Leben, vielleicht die wichtigste. Ohne dieses Leiden, diesen Antrieb, genau hinzusehen, in Bewegung zu kommen, wäre ich niemals da angelangt, wo ich heute bin.

Heute Morgen traf ich einen Nachbarn. Seiner Frau geht es gar nicht gut. Der Arzt hatte sie beruhigt, alles sei in Ordnung. Ihre Symptome sind mir sehr vertraut. Ich habe der Frau des Nachbarn liebe Grüße ausrichten lassen und sie zum Kaffee eingeladen. Ich bin mir sicher, nach unserem Treffen wird es ihr etwas besser gehen. Ich empfinde zum ersten Mal große Freude darüber, diesen Weg gegangen zu sein und hoffe für meine Nachbarin, dass sie auch in Bewegung kommt. Bis sie dann das gleiche Gefühl im Herzen spüren kann wie ich, wird es Zeit brauchen, wertvolle Zeit. Es lohnt sich!

Mit diesem sicheren Wissen schaue ich das erste Mal bewusst dem Sonnenaufgang meiner Seele dankbar entgegen.

Schöne Texte, auch aus dem Tagebuch

Weißt du, wie das ist, wenn es ganz still wird in dir? Still und friedlich, warm und ruhig. Du sitzt und schaust. Vielleicht sitzt du auf einer Bank am Wiesenrand. Hinter dir und um die Wiese herum sind Bäume und Hecken, von überall her kommt Vogelgezwitscher. Am blauen Himmel siehst du sie fliegen, Amseln, Meisen, Rotkehlchen, Spatzen. Darüber ziehen kleine, weiße Wattewölkchen. An den Blumen neben deiner Bank arbeiten fleißige Waldbienen. Du hörst sie, du beobachtest sie. Genau wie den Zitronenfalter, der lautlos seine Flügelchen in der Sonne auf- und zuklappt. Leiser Wind und du … Sitzen, schauen, hören, zeitlos, wortlos, sitzen, schauen.

Es ist still in dir. Vielleicht erst nur einen Moment lang oder ein paar Minuten, aber in dieser kleinen Spanne bist du frei. Frei und in Gemeinschaft mit den Vögeln, den Bäumen, der Wiese, den Bienen, der Zeit und deinem eigenen ‚alles ist gut'.

Wenn es eine Zeit lang sehr laut in einem war, weil man gezwungen wurde, vom ewigen Außen ganz nach innen zu gehen, dann weiß man, wenn das Schlimmste geschafft ist, das Leben ganz anders zu achten. Dann schaut man voller Respekt vor der durchlebten Zeit zurück und weiß: So sei es, und es ist gut.

I had a dream – ich hatte einen Traum

Eines Nachts träumte ich von einem wunderschönen Ort. Dort waren der Friede und die Harmonie zu Hause. Dort gab es Flüsse, kristallklar. Berge, besetzt mit Edelsteinen, und Täler mit immergrünen Wiesen, blumengeschmückt, umrahmt von üppigen Wäldern.

Und die Menschen an diesem Ort gingen respektvoll miteinander um. Sie lebten in Gruppen oder auch alleine, jeder auf seine Art und jeder glücklich.

Krankheit, Neid und Hass gab es hier genauso wenig wie Hunger, Armut oder Verlust. Alles war im Gleichklang und alle hatten es geschafft. Manche von ihnen schienen Angehörige zu erwarten, sie gingen ihnen irgendwie entgegen.

Im Traum sah ich ein goldenes Tor, die Schwelle vom Leiden zum Licht. Ein gläserner Tunnel, gefüllt mit den Farben des Regenbogens, verband das Tor mit diesem Ort. Hier ging niemand allein durch. Wer das goldene Tor durchschritten hatte, wurde von lichtvollen Wesen begleitet bis hin zu diesem wunderschönen Ort, wo dann vertraute Menschen oft schon warteten.

In diesem Traum spürte ich; an diesem Ort haben alle Menschen ein ganz sicheres „Hier-bin-ich-zu-Hause"-Gefühl. Und seltsamerweise überkam auch mich dieses warme Heimatempfinden in meiner Traumrealität. Überhaupt war dieser Ort gefüllt mit Harmonie und eingehüllt in ungreifbare Ordnung, die für alle zum Besten war. Hier lebten auch Tiere in friedlicher Koexistenz mit den Menschen. Ein wenig entfernt gab es wohl so etwas wie Schulen zur Verfeinerung der Seele. Es ließen sich dort ehrwürdige Bibliotheken mit großen, alten Büchern voller Weisheiten erahnen. In meinem Traum schien es mir, als würden Menschen immer wieder diese Bibliotheken und Schulen besuchen, um zu wachsen und zu reifen.

Und obwohl ich nicht direkt zum Lernort geführt wurde, empfand ich diesen dennoch als seltsam vertraut. So, als wäre ich selbst schon viele Male in einer solchen Bibliothek gewesen. Dieses Bild einer wunderschönen Welt konnte man mit dem Paradies vergleichen. So möchte es dort sein.

I had a dream, ich hatte einen Traum. In jener Nacht war mir, als würde ich reisen. Reisen in eine Dimension, die keine Zeit und keinen Raum braucht. Keine Tag- und Nachteinteilung und keine Begrenzungen irgendwelcher Möglichkeiten. Eine Welt, die auskommt ganz ohne Schmerz, Leiden und krankem Ego bis hin zum Krieg.

Eine Welt, die einem auf ganz eigenwillige Weise das sichere Gefühl gibt, hier an diesem wunderschönen Ort einen festen Platz, ein eigenes Haus, zu besitzen. Und dieses sichere Gefühl verbindet sich obendrein noch mit einer eigenartigen Gewissheit, tief in einem versteckt, dass wir alle an diesen wunderschönen Ort zu unserem Platz irgendwann einmal reisen werden.

Ich hatte einen Traum. Als ich erwachte, war sie weg, die Angst vor dem Tod.

Gottvertrauen

Ich bewege mich durch meine Lebenslandschaft. Alles grünt und blüht. Es ist friedlich und gut. Aber ich weiß, um zu Hause zu sein, muss ich weitergehen. Und ich laufe, bis ich an einen großen Abhang komme. Oben am Rand des Felsens stehend sehe ich in eine Schlucht. Und auf der gegenüberliegenden Seite erstreckt sich ein neues, schönes Land. Es ist noch grüner, noch friedlicher, noch lichtvoller. Gottvertrauen heißt das Land. Es gibt keine Brücke über diese Schlucht, aber ich weiß, ich kann gar nicht mehr anders, ich muss dort hin. Da taucht Gott Vater aus dem Himmel auf und sagt:

„Kind, ich reiche Dir meine Hände. Ergreife sie, springe in die Schlucht und sei gewiss, bald bist du drüben!"

Freiheit, dein Recht

Über lange Zeit Symptome gelebt, beobachtet, beachtet, verängstigt, beständig. Es war selbstverständlich, Symptome zu haben, immer. Diese Selbstverständlichkeit, mit der ich vieles eben nicht konnte. Auf die Idee, dass es inzwischen pure Illusion ist, bin ich überhaupt nicht gekommen. Der Körper musste diese Symptome haben, der Verstand lieferte ständig negative Gedanken nach. Eben mein Leben!

Warum war ich mir da nur so sicher? Warum habe ich nie gezweifelt, ob es vielleicht auch anders gehen könnte? Hatte ich wirklich keine Wahl? … Ich kann doch nicht, ich trau mich nicht, bestimmt passiert etwas, es geht ja nicht, wie gerne würde ich, aber …

Illusionen! Wachwerden, der Dämmerschlaf meiner Vergangenheit ist vorbei! Lange zurück gab es eine Zeit, da ließ ich mich in einen Turm einsperren. Die Fenster waren vergittert. Vor dem großen Tor hing ein schweres Schloss. Ich war gefangen. In diesem Turmzimmer verbrachte ich eine lange Zeit. Kein Ausbreiten, die Welt war draußen. Aushalten, zulassen, machtlos sein.

Angst füllte den kleinen Raum. Angst, Unsicherheit, Wut und Trauer. Eben mein Leben! Der Verstand und die Gefühle fielen in einen Dämmerschlaf der total eingeschränkten Möglichkeiten.

Irgendwann akzeptierte ich immer mehr, dass es so ist, ohne es zu wollen.

Heute Morgen flog eine kleine, weiße Taube in meinen Raum, eine Rose im Schnabel. Unerwartet, nie gehofft, saß dieses wunderschöne Tier auf dem Tisch vor mir. Plötzlich, heftig, bricht eine Erinnerung in mir auf, durchflutet mich und ich höre wie die Taube sagt: „Freiheit, Dein Recht, Dein Geschenk!"

Klarheit durchdringt mich. Der Dämmerschlaf geht augenblicklich von mir und verkriecht sich in der Wand. Erst jetzt sehe ich, dass mein

Fenster nicht mehr vergittert ist. Ich öffne es und beuge mich hinaus. Sonne umarmt mich. Freiheit! Mein Recht, mein Geschenk.

Die Tür zu meinem kleinen Turmzimmer, sie ist nicht mehr versperrt. Ich eile die Steinstufen im Kreis hinunter, in der Hand die Rose, auf der Schulter die weiße Taube. Das Tor ist herausgerissen, ich trete ins Licht.

Frei … für immer.

Ich lebe JETZT

Wir wissen alle, dass wir nur im Jetzt und Heute wirklich leben. An gestern und morgen können wir wohl denken, aber leben können wir nur in der Gegenwart. Und wenn wir dann noch die Vergangenheit in Schwere und die Zukunft in Sorge bedenken, verpassen wir die einzige Möglichkeit lebendig zu sein, nämlich immer nur jetzt.

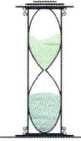

Es ist eine komische Unart von uns Menschen, unsere Gedanken kreisen und bewegen sich meist dahin, wo wir uns gerade gar nicht befinden. Wer von uns bleibt mit seinem Kopf in der Gegenwart, ist verbunden mit dem Moment, den man gerade erlebt? Nein, wir sind bei gestern und eben und gleich und nachher und … Warum war er nur so? Und … wie wird's noch werden … Ein sehr verbreitetes, menschliches Phänomen!

Und gerade deshalb ist es so wichtig, uns unserer, aus der Jetztzeit fliehenden Gedanken bewusst zu werden. Nur dann können wir sie einfangen und auf den Moment hin trainieren. Das ist nicht leicht, zumal wir uns die meiste Zeit unserer Gedanken gar nicht so bewusst sind. Wir sind, was wir denken, aber wir können es oft nicht benennen.

Den Geist auf den Augenblick hin zu reduzieren bedeutet, ihn zu beruhigen.

Das macht sich in unserem ganzen System sehr angenehm bemerkbar.

Ein einfaches Beispiel, bei dem es um gar nichts Dramatisches geht, kann uns das verdeutlichen.

Zwei unterschiedliche Hausfrauen möchten am Wochenende für ihre Familie ein größeres Fest ausrichten. In beiden Familien werden jeweils fünfzehn Personen erwartet.

Heute ist Dienstag, und die erste Hausfrau wacht morgens schon nervös auf. Sie hat schlecht geschlafen und wach liegend die Anzahl vorhandener Stühle durchgezählt und immer wieder über den Ablauf nachgegrübelt. Sie ist jetzt schon geschafft. Ihre Gedanken kreisen unaufhörlich um die letzte Feier, bei der der Onkel aus dem Rahmen fiel, einer ihren Nudelsalat nicht mochte und das Geschirr nicht ganz einheitlich war. Und diesmal kommen auch noch die Schwiegereltern, und ihre Fenster sind noch nicht geputzt. An das Kleid vom letzten Mal werden sich alle erinnern, aber wann soll sie sich so schnell noch ein neues kaufen? Die Tischdecke muss auch noch gebügelt werden, der Gatte müsste eigentlich noch zum Friseur und der Rollbraten darf auf gar keinen Fall zäh werden. So viel Kühlschrank ist gar nicht da, wie Getränke gebraucht werden. Und sie sind noch nicht mal im Haus. Dienstag!!! Und die arme Hausfrau türmt einen Riesenberg vor sich auf aus Vergangenheit und komplizierter Zukunft, als ob eine Zeitmaschine alles in einen Moment schieben und unüberwindbar machen könnte.

Es ist dieser Dienstag, und die zweite Hausfrau wacht entspannt auf, freut sich auf ihr Frühstück und den Bastelnachmittag mit den Kindern. Sie steht auf, macht sich zurecht, frühstückt gemütlich, liest dabei etwas in der Tageszeitung und erfreut sich an der Herbstsonne, die zum kleinen Spaziergang um den Block einlädt. Unterwegs kommt sie beim Bäcker vorbei. Sie überlegt, schon einmal Brot für das Feierwochenende vorzubestellen. Bei der Gelegenheit sucht sie auch zwei Kuchen aus. Der Rest des Tages verläuft gemeinsam mit ihren Kindern und später auch mit dem Mann recht harmonisch.

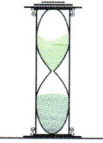

Am Donnerstag schaut diese Hausfrau Geschirr und Besteck durch, fragt eine Freundin um Ergänzung und überlegt abends mit ihrem Mann, was man alles anbieten kann.

Freitag werden alle Lebensmittel in Ruhe eingekauft und manches vorbereitet.

Samstag wird es turbulent, gemischt mit Vorfreude auf den Abend.

Wer es schafft, oft im Jetzt zu bleiben, wird lernen, seinen Alltag leichter zu bewältigen.

Wer es schafft, oft im Jetzt zu bleiben, muss keinen Riesenberg aus Altlasten und Zukunftsängsten als Dauergefühl mit sich herumtragen.

Wer es schafft, oft im Jetzt zu bleiben, wird viel häufiger die schönen Momente in seiner Welt wahrnehmen.

Wer es oft schafft, im Jetzt zu bleiben, wird damit auf Dauer sein vegetatives Nervensystem stärken und Freiräume für spirituelles Wachstum entwickeln.

Und wer es sich leichter und leidensfreier machen möchte, übt, das JETZT zu akzeptieren. Es ist dann in Ordnung da zu sein, wo man gerade ist. Egal, ob bei der Arbeit, im Krankenhaus, in der Schlange im Supermarkt oder wo auch immer.

Was ich im JETZT nicht ändern kann, wird durch Akzeptanz und einfach Zulassen viel leichter.

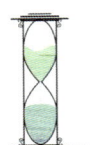

Egal was, auch das geht vorbei!!!

Wir können das bewusste Verweilen im Heute und Jetzt mit bestimmten Übungen vertiefen. Die Vergangenheit war, und unschöne Situationen in der Zukunft, die nicht zu umgehen sind, belegen wir bestenfalls mit Hoffnung. Ist etwas heute so nicht lösbar, kann ich es nur angehen, wenn die Zeit gekommen ist.

Werde jeden Tag eine Zeit lang zum Beobachter in eigener Sache. Beobachte deine Gedanken. Ganz wichtig, bewerte und verurteile sie nicht, sonst steigst du ins Gedankenkarussell und verlierst dich. Nimm einfach nur wahr, was da kommt und dann sortiere: Gedanken an die Vergangenheit benenne mit HINTEN, Gedanken in Richtung Zukunft benenne mit VORNE und Gedanken in der Gegenwart, BINGO, benenne mit JETZT oder stolz mit BINGO. Sinn des Ganzen ist, den Kopf zu trainieren, im Jetzt zu bleiben. Damit wir uns nicht selbst immer wieder ablenken, ordnen wir das, was in uns auftaucht, ohne jede Bewertung nur nach Vergangenheit, Gegenwart und Zukunft. Das macht uns klar, wie oft wir abschweifen in andere Zeiten, und hilft unseren Gedanken, bewusster im Augenblick zu bleiben.

Übungen, die helfen**, unser Gegenwartsbewusstsein zu stärken:**

Achtsames Essen ist gar nicht selbstverständlich. Es bedeutet, dass ich bewusst esse, mich auf das konzentriere, was auf dem Teller liegt, ohne Ablenkung durch TV, Radio oder Handy. Bewusst mit Dankbarkeit für die Speise, egal was es ist. Ich schlinge das Essen nicht hinunter und versuche, dabei nicht nach hinten oder vorne zu grübeln.

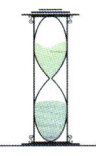

Eine Gehmeditation hilft, ruhiger zu werden, sich zu entspannen. Dabei achte ich nur auf meine Schritte. Erleichtert wird mir das, wenn ich dabei zähle oder entspannt, ganz gewahr ein- und ausatme. Erweitern kann ich die Gehmeditation, indem ich versuche, das aufzunehmen, was mir am Wegesrand begegnet, ohne mich ablenken zu lassen.

Ich nehme mir vor, eine bestimmte Zeit am Tag, vielleicht am Feierabend, meine Gedanken ganz gründlich wahrzunehmen. Das bedeutet zum Beispiel, dass ich eine halbe Stunde meine Gedanken beobachte, aber möglichst nicht bewerte (hinten – vorne –Bingo).

Ich schule meine Motorik bewusst, indem ich Dinge, die ich sonst mit der rechten Hand tue, mit der linken Hand mache und umgekehrt.

Ich nehme mir ein längeres Wort und buchstabiere es in Gedanken rückwärts.

Ich beobachte einen Naturmoment. Das mag ein pickender Vogel sein, eine Hummel in einer Blüte, die Wolken, die Figuren an den Himmel zaubern, Regen und Wind. Dabei lasse ich mich nicht ablenken.

Ich nehme mir ein längeres Wort und baue aus den vorhandenen Buchstaben im Geiste viele neue Wörter.

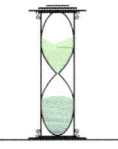

Ich schaffe mir eine schöne Vision. Ein wunderschöner Ort, Meer oder Gebirge, wird in meiner Vorstellung gefüllt mit ‚Hören‘ von Wind, Vögeln oder Wasser, ‚Fühlen‘ von Wärme, Wind, Sand, Wiese, ‚Riechen‘ von Blumen, Meeresluft. Und das ganze Bild gebunden mit innerem ‚Sehen‘.

Ich meditiere auf einen Gegenstand. Angefangen mit einer fünf Sekunden lang dauernden Betrachtung zum Beispiel einer Kerze, Blumen oder Ähnlichem. Wichtig: alle Gedanken, die nun meinen laut werden zu müssen, nur akzeptieren und im gleichen Augenblick wieder loslassen. Bis es ruhiger wird. Die Zeit wird sich langsam verlängern lassen.

Für Gläubige kann das Beten oder einfach Sprechen mit dem Himmel eine gute Meditation sein. Zur Ruhe kommen, sich im Augenblick verbunden fühlen.

Ich beobachte Menschen ohne jede Wertung beim Einkauf, am Strand, im Café.

Ganz bekannte Meditationsmöglichkeiten und Übungen für mehr Achtsamkeit im Jetzt bieten natürlich das autogene Training, progressive Entspannungsübungen nach Jacobson oder Yoga. Genauso wie singen und musizieren, allein oder in einer Gruppe.

Wir werden für ein bewussteres Verweilen im Hier und Jetzt üben müssen. Aber Ausdauer wird dabei auf jeden Fall belohnt. Es wird ruhiger in uns, neues Potenzial wird frei und wir nehmen wieder freudiger an unserem Alltag teil. Außerdem macht es auch Spaß, sich immer neue Achtsamkeitsübungen auszudenken und zu probieren! Bei unseren Gedanken zum bewussten Verweilen im Hier und Jetzt fällt mir spontan eine Geschichte ein, die ich dir nicht vorenthalten möchte.

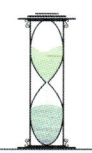

Wie ich auf diese Welt kam

Es war einer dieser herrlichen Abende an der reich gedeckten Himmelstafel mit Nektar, Vino Tunta, meinem Lieblingswein, und köstlichen Trauben in Fülle. Viele fröhliche Seelen labten sich und waren an diesem Abend bester Dinge. Ich auch.

Unten war gerade wieder einmal ein Krieg beendet worden und hier oben schüttelten wir einmal mehr den Kopf über diesen unvorstellbaren Unsinn, glücklich, unseren himmlischen Frieden genießen zu können. Froh, hier oben in Ruhe zeitlos nett miteinander zu plaudern. Gottlob, hier war es schön. So konnte es noch ewig weitergehen. Waren diese herrlichen Abende beendet, so ging man im Herzen froh längs dem kristallklaren Fluss durch wunderschöne Blumenwiesen nach Hause. Hier oben lebte jeder genau so, wie er es für angenehm hielt. Diese gemütlichen Zusammenkünfte an der reich gedeckten Tafel waren dabei stets ein besonderes Event.

So saßen wir auch an diesem Abend wieder mit viel Spaß beieinander. Ich hatte gerade ein weiteres Gläschen meines köstlichen Lieblingsweines geleert und mit meinem Sitznachbarn engagiert über den Vorteil himmlischer Harmonie gegenüber irdischer Verrohung diskutiert, da kam der liebe Petrus in den Saal und rief: „Wer möchte …" Ich hörte „Vino Tunta und dachte: oh, mein Lieblingswein! Mein leicht geschwächtes Gehör ließ mich zu dieser Erkenntnis kommen. Begeistert meldete ich mich: „Hier, ich!" Im gleichen Moment sah ich Entsetzten in der Mimik meines Sitznachbarn: „Du Esel!" zischte er. „Nicht Vino Tunta sondern … wieder runter. Wer möchte wieder runter!"

Dann verließ mich mein Bewusstsein.

Ich glaube, es war der nächste Morgen, als ich mit einem riesigen, dicken Kopf erwachte. Ich nahm mir vor: weniger Vino Tunta dafür mehr … weiter kam ich komischerweise nicht. Mein Gesamtzustand  fühlte sich erstaunlich desolat an. Ich kam mir so mickrig und klein vor. Das Größte war mein dicker Kopf.

Langsam aber leider sicher wurde mir klar, dass hier ein großes Missgeschick passiert war. Jetzt nahm ich auch diese schrecklich lauten und hektischen Menschen um mich herum wahr. Kunstlicht! Alles war so was von ungemütlich und kalt. Himmlische Harmonie ade! Willkommen auf der Erde!

Da war ich nun mit der vagen Erinnerung an wunderschöne himmlische Zeiten wieder unten gelandet. Einen Moment lang überlegte ich, dass es wohl das Beste sei, gleich wieder nach oben zu gehen.

Sofort wurden diese fürchterlich hektischen Menschen um mich herum noch lauter und unerträglicher. Ich dachte, dass, wenn ich heftig dagegen anschreie, alle mächtig Respekt vor mir kriegen würden. Weit gefehlt.

Man behandelte mich weiter wie einen gut abgehangenen Schinken, legte mich auf eine Waage, packte mich ein und weil wahrscheinlich auch keiner mit einem Schinken spricht, beachtete mich niemand wirklich. Völlig frustriert schlief ich ein.

Was soll ich sagen? Viele Jahre sind seitdem vergangen? Ich habe nichts ausgelassen, was Schmerz und Anstrengung bedeutet, und das Leben schwieriger gestaltet.

Inzwischen habe ich mich daran gewöhnt hier unten zu sein und beobachte neuerdings einen eigenwilligen Vorgang. Je älter ich werde, umso deutlicher kommt die Erinnerung an himmlische Zeiten zurück. Und wenn ich nun heute zurückblicke und mein Leben betrachte, dann ist mir auch klar, warum es so viele Herausforderungen und Lernaufgaben auf dem langen Lebensweg gab.

Bevor man auf dem Arbeitsplaneten Erde einmal mehr neu inkarniert, checkt jeder vorher ordnungsgemäß an der Himmelspforte aus.

Es werden Formulare ausgefüllt, in denen man festlegt, welche Mutter, welchen Vater man als Erdenbegleiter haben möchte. Auf einem besonderen Lebenslauf-Erfassungsplan wird außerdem angekreuzt, welche Lernaufgaben unbedingt mit ins Programm kommen sollen.

Wegen der fürstlichen momentanen Situation in himmlischen Gefilden traut man sich leider eine Menge an irdischen Herausforderungen und Wachstumskicks zu. Entsprechend eifrig wird im L.E.P. (Lebenslauf-Erfassungsplan) wild angekreuzt.

Und nun ich, damals in Hochform, an der himmlischen Tafel. Vino Tunta in freundlicher Menge, nicht mehr ganz bei Sinnen und obendrein noch schwerhörig. Das musste schiefgehen! Heute weiß ich, dass ich dieses vollgestopfte Lebensprogramm nur betrunken ausgesucht haben konnte.

Aber einen ganz großen Trostgedanken hat das Ganze doch. Wenn ich irgendwann oben an der Pforte wieder einchecke und meine Liste zur Lebenslaufkontrolle vorlege, dann kriege ich jede Menge abgehakt. Das hat was! Dann gibt es auch wieder meinen geliebten Vino Tunta.

Also lasst uns unser Leben annehmen, erkennen, dass es einen Sinn hat. Lasst uns an unserer Entwicklung arbeiten und die schönen Momente wahrnehmen und leben.

Lasst uns unsere Erdenzeit als Chance nutzen. Bewusst hier sein, erkennen, dass meist gerade Leidenszeiten uns auf den Weg zum Licht führen können. Lasst uns die Zeit hier unten nicht vergeuden, indem wir uns anstecken lassen, von der Sucht nach Besitz oder dem Wunsch, Macht über andere ausüben zu wollen. Was nicht heißt, dass wir arm sein müssen, in trister Bescheidenheit leben sollen. Sich an äußerem Reichtum zu erfreuen ist keine Schande, wenn wir dabei unser lichtvolles Ziel immer im Herzen spüren.

Denn wenn wir den nicht so einfachen, aber wertvollen Weg nach innen schaffen, werden wir zur Belohnung das finden, was viele noch ganz unbewusst im Außen suchen. Und irgendwann geschieht für uns das Wunderbare. Wir kommen immer bewusster an eine Ebene tief in uns heran, die nur aus Licht besteht.

Hier beginnt die Wiederverbindung mit dem Göttlichen, mit dem Licht. Dann spüren wir den Ort, wo ich, vor nicht langer Zeit, allzu gerne Abende an reich gedeckter Himmelstafel verbracht habe.

Zwischendurch –
Texte zum darüber nachdenken II

Lebenssinn

Auf der Suche nach dem Sinn des Lebens gibt es sehr gute und schöne, ja, tröstliche Gedanken.

Zunächst wollen wir uns aber selbst die Fragen stellen: Was ist für mich der Sinn des Lebens? Warum bin ich hier? Warum sind wir alle hier? Warum gibt es große Unterschiede, betrachten wir das Leben der vielen Menschen auf der Erde?

Wir setzen uns einmal in Gedanken in ein Straßencafé an einer belebten Straße und beobachten die vorbeigehenden und -eilenden Menschen. Bei vielen scheint das Leben im Autopilotenmodus zu laufen. Zu viele Aktionen, Termine, Gedanken um Geld, Sorgen und überflutende Reize aus einer hochtechnisierten Umwelt. Das eigene Bewusstsein bleibt dabei leider flach. Der Bettler im Hauseingang wird dann genauso wenig wahrgenommen, wie die schnell ziehende Wolke am Himmel oder das Löwenzahn-Blümchen, das tapfer im Asphalt lebt.

Doch erst, wenn wir innen einmal stillstehen, anstatt außen immer weiter zu rennen, kann Bewusstsein für die eigene Tiefe wachsen. Und nur hier, in der eigenen Tiefe, finden wir das, was wir ansonsten draußen vergeblich suchen. Und dann werden wir der Wahrheit des Lebens auf Erden immer näherkommen.

Hierzu möchte ich dir schöne und gut nachvollziehbare Gedanken ans Herz legen:

Stelle Dir einmal vor, unsere Erde ist der Ort, an den wir aus dem Himmel durch Geborenwerden reisen. Unsere Seele bekommt hier unten einen Körper. Und diesen Körper brauchen wir, um uns gegenseitig zu erkennen. Er gibt auch die Signale der Seele weiter. Wir fühlen Freude oder Schmerz, und unser Körper drückt alles das entsprechend aus. Wir nehmen nun einmal an, dass wir hier sind, um zu reifen, Erfahrungen zu machen, zu begreifen, und letztendlich, um uns und alle Menschen lieben zu lernen und damit in uns Frieden zu finden.

Wir wissen ja, wie unterschiedlich, mühselig und schwierig unser Lebensweg oft sein kann. Wie viele schmerzhafte Situationen oder leidvolle Zeiten erleben wir, die wir so gerne aus unserem Lebensweg streichen würden. Leider stellt sich dann aber die Frage, wie sollen wir wachsen, reifen, erkennen, wenn wir nicht zeitweise durch Leiden aufmerksam gemacht werden?

Wir wachsen ja gerade, wenn es uns schlecht geht. Das ist dann keine Strafe, wir sind dann keine armen, ausgelieferten Opfer ‚auf immer'. Nein, es sind Erfahrungszeiten, auf die jeder, wenn er mittendrin steckt, gerne verzichten möchte.

Aber gerade diese Zeiten sind sehr wichtig! Haben wir sie ‚überlebt‘ und schauen zurück, dann wissen wir, dass wir etwas gelernt haben, wir sind vorwärts gekommen.

Nun stellen wir uns weiter vor: Wir alle sind auf dem Weg zur wunderbaren Vollkommenheit.

Wir werden immer liebevoller, lichtvoller, mitfühlender, und irgendwann werden uns spirituelle Flügel wachsen und wir können ‚fliegen‘. Das geht nicht von jetzt auf gleich. So macht es Sinn, dass wir viele Leben haben, um immer aufs Neue etwas weiterzukommen. Um alle Erfahrungen einmal gemacht zu haben, um sich immer weiter zu verfeinern und dabei die eigene Lichtenergie langsam zu erhöhen.

Wir wissen wohl, wie schwierig Veränderungen sind. Wie lange brauchen wir, um stärker und angstfreier, verständnisvoller und liebender zu werden, Verletzungen loszulassen und zu vergeben.

Ach, es ist überhaupt nicht einfach. In einem einzigen Leben bekommt das keiner hin. Schließlich haben wir alle einmal mit Keulen bewaffnet angefangen. Und wie viele Kriege gibt es heute noch, im Großen wie im Kleinen? Entwicklung braucht eben Zeit!

Wie gut ist es dann, wenn wir mehrere Leben haben. So werden wir auch nie wieder denken müssen: „Wie kann Gott das nur zulassen?“ Wir sind nicht das Puppentheater des Himmels, wir sind keine Marionetten, von fremder Hand gesteuert und unmündig. Im Gegenteil, wir haben einen freien Willen. Wie sonst könnten wir Fehler machen, begreifen und lernen? Wenn immer jemand anderes für uns die weltlichen Hausaufgaben macht, dann haben wir am Ende selbst nichts gelernt. So kommen wir nie weiter.

Wir alle haben immer wieder unser Leiden, unsere schwierigen Abschnitte im Leben, aber jeder zu einer unterschiedlichen Zeit. Wir lernen nicht alle zur gleichen Zeit das Gleiche.

So kommt es auch, dass Menschen unterschiedlich weit entwickelt sind. Einige wirken auf uns beruhigend, sichernd und sehr ausgeglichen, sie haben wahrscheinlich schon viel Lebensweg über viele Leben hinter sich gebracht.

Andere hingegen sind noch längst nicht so weit. Sie verstehen dann vieles auch nicht richtig. Diese Menschen sind sehr anstrengend für uns, sie wirken aggressiv oder unsicher.

Wenn wir um unsere Lebenswege und Prozesse wissen, verstehen wir auch, warum der eine arm, ein anderer reich, einer gesund, ein anderer krank ist. Warum mancher Mensch hundert Jahre alt wird und ein anderes Wesen mit drei Jahren zurück in den Himmel geht. Menschen gehen lassen zu müssen ist dabei für uns ungeheuer hart und schmerzhaft. Doch ist es denkbar, dass wir alle mal alt werden, alle mal jung gehen, alle mal sehr gesund sein können, in einem anderen Leben vielleicht auch länger krank sind. Alles das, nur nicht alle zur gleichen Zeit.

Und wenn es so ist, dann wird Leben gerechter. Gott oder eine hohe Lichtenergie ist dann weder strafend noch die Macht, die Schlimmes zulässt, sondern wir sind die Seelen, die mit freiem Willen ihren Lebensweg gehen. Seelen, die Erfahrungen machen, aber dabei langsam immer weiterkommen.

Auf dem Weg zum Licht sind wir alle!

Das ist doch ein schönes Bild. Wir werden geboren, lernen Menschen kennen und lieben, lernen, das Leben zu meistern. Wir gehen irgendwann, wenn der Körper stirbt, durch ein Tor zurück in den Himmel. Wir treffen geliebte Menschen wieder. Erdenzeit wird bearbeitet, wir ruhen uns aus und entschließen uns irgendwann, wieder runter zu gehen und weiter zu wachsen. Unten treffen wir einige Vertraute von der Zeit oben und aus früheren Leben wieder. So geht es weiter, bis wir dann einmal mehr zurück in den Himmel, die Geistige Welt, gehen.

So switchen wir über viele Leben hinweg zwischen Erde und Himmel, dem Erwachen in Vollkommenheit entgegen.

Gerade sind wir wieder einmal mehr hier unten und werden das Beste daraus machen.

Mein Körper ist der Tempel meiner Seele

Meine Güte, was stopfen wir zuweilen alles in uns hinein!? Das geht von Fritteusen-Pommes mit viel Mayonnaise über Schwarzwälder Torte und Plunderteilchen hin zu Eisbein oder Currywurst und darauf noch eine Tüte Chips. Und die ganze wilde Mischung womöglich noch an einem Tag. Nachher fühlt es sich gar nicht mehr so gut an, da brauchen wir erst einmal ein Schnäpschen und dann passt es schon wieder.

Mein Körper ist der Tempel meiner Seele! Allzu oft betrachten wir unseren Körper mit Ablehnung. Immer haben wir etwas an ihm auszusetzen, und wenn er schmerzt oder erkrankt, gehen wir oft sogar feindlich mit ihm um. Wann sprechen wir mal freundlich mit unseren Organen, machen ihnen Mut gut zu funktionieren? Übernehmen wir Verantwortung für den uns umhüllenden Körper, indem wir ihn pflegen und darauf achten, was hinein kommt? Wann erfreuen wir uns ganz bewusst an den Fähigkeiten unseres Körpers, mit denen er uns Leben in dieser Welt ermöglicht? Sehen, hören, laufen, denken können, es ist uns oft so selbstverständlich, und erst wenn uns etwas Schlimmes passiert, erkennen wir, wie wertvoll ein gut funktionierender Körper ist.

Wir Menschen sind ein Ganzes aus Körper, Geist und Seele. Ist es da nicht ein wunderschöner Gedanke, den Körper, egal in welchem Zustand er gerade ist, mit einem Tempel zu vergleichen und dabei alles zu tun, um diesem Bild immer mehr gerecht zu werden?

Ein Tempel, in großer Achtung und Ehrfurcht entstanden, mit großartigen Goldverzierungen versehen, um seiner Würde gerecht zu werden. Durch wunderschöne Glasmotive fällt kraftvoll, majestätisch das Licht der Sonne in den prunkvoll ausgestatteten Innenraum. Brennende Kerzen unterstreichen mit ihrem warmen Licht Stärke und Frieden an dieser Stätte. In diesem Tempel finden wir keine ausgetretenen Zigaretten am Boden. In den Ecken häuft sich kein Müll. Nirgendwo liegen leere, zerdrückte Getränkedosen herum und Altar, Bänke und Boden sind sauber und nicht mit nutzlosen Dingen und Resten übersät.

Übersetzt heißt das für uns: unser Körper ist sehr wertvoll. Egal, in welchem Zustand er sich gerade befindet. Wir sollten alles daransetzen, ihn einem Tempel ähnlicher werden zu lassen. Unser Körper und wir sind schließlich ein Team und füreinander da. Was können wir tun, damit unser Teamgefährte Körper dem Tempel ähnlicher wird?

Das Wichtigste ist bewusster zu leben. Darauf zu achten, was in den Körper hineinkommt. Sind es wirklich Lebens-Mittel, die ich da schlucke, oder mute ich meinem Teamgefährten immer wieder wertlose, tote Stoffe, viel Fett und viel Zucker zu? Die Organe brauchen Wasser und gute Nährstoffe, um rege zu bleiben. Der Körper braucht Sauerstoff, er möchte sich, so gut er kann, bewegen.

Vergleichen wir unseren Körper mit einem Tempel und stellen uns dann vor, unser Obst und Gemüse im Tempelgarten trägt Reste von Düngemitteln, giftigen Stoffen, eingesetzt auf Feldern und Bäumen, dann passt da auch etwas nicht. Vielleicht achten wir unserer Gesundheit und der Gesundheit der Erde zuliebe auf Lebensmittel in Bioqualität. Und da gibt es noch etwas, das zu bedenken wichtig ist: Ich pflege meinen Tempelkörper mit Cremes, Duschgel, Shampoo und anderen Kosmetika. Auch hier gibt es einen großen Unterschied. Wir können wählen zwischen chemischen Beimischungen, die dem Körper nicht dienlich sind, oder sauberen, biologisch wertvollen Kompositionen ohne Tierversuche!

Welch ein Wohlgefühl für unseren Körper. Biologisch wertvolle Nahrung, saubere Kosmetik, und kein Tier muss für uns leiden. Das fühlt sich edel und gut an. Mein Körper ist der Tempel meiner Seele und mein Lebensweggefährte.

Aber nicht nur mein Körper, auch mein Geist, meine Gedanken können passend für den Tempel sein oder aber auch so gar nicht.

Auweia, wie geht es oft rund in unserem Gedankenkarussell. Die heitere Ausstattung mit lustigem Schweinchen, der Feuerwehr mit Bimmel und dem wippenden Pferdchen gibt es bei uns seltener. Stattdessen ist unser Kopfkarussell bestückt mit Zweifeln, Selbstablehnung, Vorstellungen von Misserfolgen oder negativen Ereignissen. Und es dreht sich und dreht sich und dreht sich.

Ich habe dazu eine kleine Geschichte.

Wenn das mal gut geht …

Was sind wir Menschen doch für merkwürdige Wesen. Ganz besonders dann, wenn es um unsere, ach so liebevoll gepflegten, Bedenken, Sorgen und bangen Erwartungen geht.

Da treffen wir morgens eine Nachbarin auf der Straße und hören, dass der 48-jährige Herr M., der zwei Straßen weiter wohnt, letzten Samstag einen Infarkt erlitten hat. Schon stellt sich in uns ein leichtes Unbehagen ein. Wie gefährlich ist doch das Leben! Wann ist man selbst das letzte Mal zum EKG gegangen? Vielleicht passiert mir so etwas auch in nächster Zeit. Gruseliger Gedanke! Und der Morgen ist gelaufen! Die Sonne scheint, aber irgendwie fühlen wir uns gar nicht mehr wohl …

Am nächsten Morgen treffen wir wieder unser Siedlungssprachrohr. Diesmal erzählt die Nachbarin ganz aufgeregt, dass die 43-jährige Rosi Bachmann fünf Häuser weiter, auf der gleichen Straßenseite wohnend wie wir, letzten Samstag 6 Richtige im Lotto hatte. 43 bin ich auch und heiße dazu noch Rosemarie und hinter meinem Grundstück fließt ein kleiner Bach – man, wie das passt! Und ich spiele auch Lotto! Warum stellt sich bei mir nun kein euphorisches Glücksgefühl ein? Wo bleibt mein: „Juchhu!", weil ich höchstwahrscheinlich Millionär werde?

Was sind wir Menschen doch für seltsame Wesen! Wie leicht fällt es uns, an Katastrophen, Missgeschicke und negative Ereignisse zu glauben. In dieses belastende Gefühl kommen wir leider oft ohne großes Bemühen, manchmal ganz automatisch.

Aber sich glücklich zu fühlen, fest an den guten Ausgang einer schwierigen Situation zu glauben und in froher Hoffnung nach vorne schauen, das fällt uns häufig so schwer.

Wir spüren, dass unser Leben leichter würde, nähmen wir unser Denken mal bewusst unter die Lupe, sodass wir feststellten, dass unsere Gedanken oft nicht realistisch und damit unnötig belastend sind. Herr M. hat einen ganz anderen, eigenen Lebensweg zu gehen als wir. Sein Schicksal hat deshalb mit unserem Weg überhaupt nichts zu tun. Und wenn Rosi Bachmann im Lotto gewinnt, hat auch das (leider) so gar nichts mit uns zu tun. Aber das begreifen wir ja auch.

Übrigens hat Herr M. sich nach Aussage des Siedlungssprachrohres wieder gut erholt.

Unser Geist ist der Wächter unseres Tempels.

Wie steht es um unseren Wächter? Geht er sorgsam mit dem Tempel um? Lässt er nur Gedanken zu, die heilsam und förderlich sind? Oder passiert es immer und immer wieder, dass der Geist nicht wirklich achtgibt und uns so Gedanken durchfluten, die heftig über die Ufer treten und dabei Schaden anrichten können?

Es sind die negativen Gedanken, beängstigend, zweifelnd, auf Katastrophen ausgerichtet. Gedanken an Problematik ohne jede Überlegung für Lösungsmöglichkeiten. Jeder gute Ansatz aus einer lichtvolleren Ecke wird dann mit dem geliebten ABER zunichte gemacht.

Das Ergebnis ist: wir leiden und sitzen fest im sich ständig drehenden Gedankenkarussell. Kein Wunder, dass uns dabei ‚übel' wird.

Was ist mit unserem Wächter geschehen? Im schlimmsten Fall hat er sich betrunken am hochprozentigen Leben. ‚Flaschen' geleert, in denen Missachtung, Verlust, Angriff, Angst oder Erfolglosigkeit waren. Und der Wächter schluckt alles, anstatt sich zu schützen, ungefiltert in sich hinein, bis er als Wächter untauglich wird. Ein besoffener Kerl, der wankt, lallt und den Tempel ganz sicher nicht mehr bewachen kann. Unsere Seele ruft sich heiser, wird aber nicht gehört. So wendet sie sich direkt an den Körper und randaliert im Tempel. Da spätestens sollte der Wächtergeist stutzen, nüchtern und wach werden. Was bedeutet das für uns?

Ein einsatzbereiter Geist ist ein starker Wächter.

Ein starker Geist wird immer versuchen, produktive, gute Gedanken zu bilden.

Wir werden dann, egal, was im Leben war und ist, tröstliche Gedanken zulassen und Vertrauen üben. Wir werden an Lösungen arbeiten, anstatt in Problematik zu versinken.

Wir sind dann keine Opfer, sondern handeln, um Hindernisse im Prozess zu beseitigen. Und das Wichtigste ist, dass unser Geist für uns arbeitet, immer wieder ein „Danke"-Sagen und humorvolle Ideen sendet und uns eine Basis bietet, mit der man niemals aufgibt. Ein solcher

Geist ist der ideale Wächter für unseren Körper. Er sorgt für schöne, frische Blumen im Tempel. Das heißt, dass uns unsere Gedanken uns selbst liebevoll betrachten lassen, was zu gesunder Ernährung, Körperpflege und Bewegung führt. Sucht hat keine Chance.

Unsere Gedanken haben großen Einfluss auf unseren Körper. Alles, was wir denken, bekommt mit der Zeit Struktur und zeichnet sich irgendwann am und im Körper ab. Sind wir dauernd traurig oder frustriert, denken ständig, wie schwierig alles ist und dass wir kaum Chance auf Besserung haben, wird unser Körper davon etwas übernehmen. Häufig laufen wir dann mit hochgezogenen Schultern herum, den Blick auf den Boden gerichtet. Wir krümmen unseren Körper langsam aber beständig, bis er versteinert. Hinzu kommt, dass ein Mensch, der mit gekrümmtem Rücken und Blick zum Boden läuft, sich sehr schwer tun wird, einen guten Selbstwert aufzubauen.

Denken wir immer wieder, wie fies das Leben es mit uns meint, dass uns jeder was will, dann wird unser Gesicht bald nichts mehr ausstrahlen. Die Mundwinkel fallen ab und wir vermitteln der Welt, dass mit uns nicht zu rechnen ist.

Es ist erwiesen, dass Menschen, die ständig negativ denken, besonders jene, die sich täglich aufregen und ärgern müssen, schnell an Ausstrahlung verlieren und altern. Charismatische Menschen werden immer diejenigen sein, die an sich und die Welt glauben und diesen Optimismus nach außen tragen, wo sie etwas zu geben haben und mit anderen teilen wollen. Positivdenker sind dankbar und offen. Sie haben sich viel von ihrer kindlichen Neugier bewahrt, geben niemals auf und sind bereit, auch mitfühlend und für andere Menschen da zu sein. Für Viele kein ganz leichter Weg, doch ihn zu gehen lohnt sich!

Neue Straßen im Kopf entstehen

Wir stellen uns vor, unsere immer wiederholten und lange gepflegten Gedankenmuster sind wie Straßen in unserem Kopf. Über viele, viele Jahre wurden sie durch stets gleiche Art zu denken gut ausgebaut.

Wir stellen uns weiter vor, unsere Gedanken sind Straßenbau-Fahrzeuge, die das Material zum Ausbau der Straßen im Kopf ständig nachliefern. Wenn nun auf unseren Kopfbaufahrzeugen überwiegend Material wie Angst-, Unsicherheits- und Selbstablehnungsgedanken transportiert werden, entsteht so über die Jahre eine breite, gut ausgebaute Hauptstraße. Sie wird fleißig befahren sein, ganz automatisch aus Gewohnheit so entstanden.

Übersetzt heißt das: was wir immer und immer wieder denken, nimmt im Kopf straßenähnlichen Raum ein. Und mit ständiger Gedankenwiederholung wird diese Straße wichtiger, selbstverständlicher und breiter.

Denn Wiederholungen schaffen auf Dauer Gewohnheiten. Über Jahre wiederholte Gedanken werden damit zu Gewohnheitsmustern. Um nun neue, schönere Straßen im Kopf entstehen zu lassen, müssen die Straßenbaufahrzeuge natürlich anderes Material transportieren. Das braucht am Anfang viel Hinschauen und Gewahrsein. Denn jahrelang gepflegte Gedanken, ganz selbstverständlich durch den Kopf geschickt, haben nun mal breite Bahnen aus Gewohnheiten gebildet. Da braucht es für den Neubau besserer Straßen im Kopf Zeit, Geduld und viel gutes Denkmaterial. Bis dann daraus Gewohnheitsmuster werden, die die alten Denkstrukturen ablösen, müssen viele Straßenbaufahrzeuge wieder und wieder positives Material liefern.

So werden aus Angstgedanken Gedanken mit Gottvertrauen. An Stelle von Unruhe und Unsicherheitsdenken trainiert man nun Gedanken, die mehr Ruhe und innere Stabilität bewirken. Schwerer Pessimismus wird ersetzt durch immer mehr Zugang zu Leichtigkeit, Dankbarkeit und positiver Weltbetrachtung.

Wenn wir beharrlich am Umbau unserer Gedankenmuster arbeiten, uns immer wieder belastender Gedanken gewahr werden, wird es bald ruhiger und leichter in uns sein.

Dann ist Gras über die alten Gewohnheitsmuster-Bahnen gewachsen, das macht sie somit unwichtig und kaum noch befahrbar.

Neue, bessere Straßen im Kopf sind entstanden.

Unser Körper ist der Tempel unserer Seele und unser Weggefährte in diesem Leben. Der Geist ist der Wächter unseres Tempels. Sorgen wir dafür, dass der Wächtergeist stark und dem Körper mehr und mehr die Würde eines Tempels zuteil wird!

Nahrung für Geist und Körper. Zwei Bilder, die das Leben malt.

Da sitzt ein Mann abends im Schnellimbiss. Er schaufelt eine doppelte Portion Pommes mit Majo, dazu eine leicht angebrannte Currywurst achtlos in sich hinein. Seine Gedanken sind weit weg von dem, was auf seinem Teller liegt. Der neue Kollege im Büro, diese Gesichtsbaracke, macht ihm schwer zu schaffen. Wann endlich kapiert dieser Knabe, dass man Aktenordner nicht herumliegen lässt? Und dieses Gequatsche mit der Chefsekretärin, ein blödes Rumgeschleime. Die ständige Pfeiferei beim Kopieren geht auch mächtig auf den S… Der tut, als ob er immer gut gelaunt wäre, der will doch nur was vormachen mit seinem Grinsen und freundlichen Getue.

Und der Mann im Schnellimbiss denkt: Mir macht diese Schrumpfnase nichts vor. Dabei zieht sich sein Magen zusammen, die Pommes kneifen, etwas später wird die Wurst ihren Beitrag liefern. Der Mann kippt noch mürrisch einen Kräuterschnaps hinterher und geht frustriert nach Hause.

Felix arbeitet im gleichen Büro, wie der frustrierte Mann aus dem Schnellimbiss. Heute Abend hat Felix keine Lust zu kochen. Er möchte lieber gleich den Film, auf den er sich schon heute Morgen beim Aufstehen gefreut hat, schauen. So macht er sich nur eine Kartoffelsuppe warm, frisches Brot ist auch noch da. Am Herd stehend fällt ihm der neue Kollege ein. Felix schmunzelt bei der Vorstellung, wie bemüht der Neue ist, mit Allen freundliche Kontakte knüpfen möchte. Es erinnert ihn an ihn selbst. Damals hatte er doch genauso sein Bestes gegeben, um als Neuer gut aufgenommen zu werden. Man kann sich ja vielleicht mal auf ein Bier treffen. Felix füllt die, inzwischen warme, Suppe in seinen Teller, Brot dazu. Er macht es sich vor dem Fernseher gemütlich. Sein Film beginnt.

Wir spüren deutlich, dass Felix durch seine gute Betrachtungsweise sicherlich leichter durch das Leben gehen wird. Aber wie ist Felix zu seiner positiven Lebenseinstellung gekommen?

Er erinnert sich:

Lange lebte ich mit Gedanken von Zweifel und Mangel. Das hatte mich weder stark noch glücklich gemacht. Es hat mich in unguten Gefühlen gefangen gehalten. Und was hatte es mir gebracht? Nichts Brauchbares. Also überlegte ich eines Tages, wie ich etwas ändern könnte. Gute Gedanken sollten dabei helfen. So was wie: Ich bin heil und stark, ich bin wichtig und ich habe meinen sicheren Platz in dieser Welt, es darf mir gut gehen, ich habe das verdient, ich lasse alles Gute zu! Dann musste ich denken: Was soll das? Diese Gedanken entsprechen doch gar nicht meiner Realität. Das kann ich nur schwer annehmen. Aber war das nicht ganz normal? Was habe ich bisher zugelassen? Ich lebe und bin zu Hause in dieser Welt? Oder doch eher … alles ist so schwierig.

Gewohnheiten sind wie gut eingetragene Schuhe, man kann sich nur schwer von ihnen trennen.

Aber ich wollte mir nichts vormachen mit wunderschönen Aussagen. Bis es irgendwann in mir laut „STOPP!" schrie. Und ich begriff, dass ich mir mit den ständig negativen Gedanken doch auch was vorgemacht hatte. Wie war das bis jetzt mit meinen Katastrophen- und Einschränkungsgedanken? Was davon war letztlich Realität geworden? War es wirklich so schlimm? Immerhin lebte ich noch!

Aber ab sofort so einfach alles rosig und positiv zu betrachten, „Wie wunderbar ist meine Welt", zu denken, das schien mir dann doch zu blauäugig. So entschloss ich mich, den positiven Gedanken genauer auf den Grund zu gehen.

Ich kaufte oder lieh Bücher, die vom positiven Denken berichten. Dabei begriff ich bald, dass es nicht nur darum gehen kann, sich Dinge schön zudenken, das reicht nicht für grundsätzliche Veränderungen. Es liest sich schön. Aber um wirklich leichter zu leben, reicht es eben nicht, positiv denken zu wollen. Es muss sich im Gefühl etablieren und dafür müssen neue Straßen im Kopf entstehen. Das braucht einen ausdauernden Prozess und Arbeiten an einer besseren Lebenseinstellung, meist mit viel Lernerfahrungen und Lebensübungen im Gepäck. Möglichst, ohne sich dabei unterwegs als Opfer zu fühlen, auch wenn es mal eine Weile schwieriger wird.

Es gibt keine gründlichere Totalbremse, als zu glauben, ein ausgeliefertes Opfer zu sein oder in Selbstmitleid zu versinken. Dagegen gibt es auch viele gute Ideen und Ansätze, um das Ziel, ein positiv denkender und zuversichtlich fühlender Mensch zu werden, zu erreichen.

Mein Plan

Ich hatte mir ein kleines Notizbuch zugelegt. Da trug ich eine Zeit lang jeden Abend ein paar positive Dinge vom Tag ein. Nichts Großartiges. Ich wollte zum Tagesabschluss meinen Fokus auf etwas Positives richten und möglichst mit diesen Gedanken auch einschlafen.

Neue Straßen im Kopf entstehen lassen, eine tolle Idee, um die alten Müllgedanken endgültig zu entsorgen. Das aber brauchte Geduld. Meine negativen Gedanken waren über die Jahre Bausteine für eine fette Kopfautobahn gewesen. Zu Beginn war das gar keine leichte Aufgabe, positive Veränderung in Bewegung zu bringen.

So nahm ich mir vor, jeden Tag für eine bestimmte Zeit, eine halbe Stunde oder ähnlich, Gedankenmüll zu sammeln. Bewusst zu reflektieren, was da in meinem Kopf vorging, wenn ich gewohnheitsmäßig das Übliche dachte. Dabei stellte ich schnell fest, dass man durch Gedankenbeobachtung viel bewusster wurde. Was da an Müll zusammen kam, bedurfte einer dringenden Überarbeitung.

Um positiver zu denken braucht es im Übergang regelmäßig Gedankendisziplin. Denn die gewohnten Gedanken machen am Anfang mächtig Terror und, ähnlich einer homöopathischen Erstreaktion, verstärken sich zunächst die alten Muster. Also versuchte ich regelmäßig, genauer in mir hinzuhören, um die vertrauten Denkweisen zu entlarven. Die dabei entdeckte negative Gedankenflut musste dringend gebremst werden. Leider geht das selten mit: „Ach, ich denk mal was anderes".

Deshalb legte ich mir mental einen weisen Großvater zu. Sobald ich bemerkte, dass ich mich wieder einmal in falsche Gedanken verlieren wollte, ließ ich meinen Großvater imaginär laut in die Hände klatschen und „STOPP" rufen. Es war erstaunlich, wie oft ich meinen gedachten Opa anfänglich im Einsatz hatte. Da fiel mir erst richtig auf, wie selbstverständlich ich schräg und negativ falsch dachte. Und wie heftig dieser Gedankenfluss gebremst werden muss, damit er einen nicht im Strudel mitreißt. Unser Geist ist immer bereit umzudenken, wenn wir ihm mit Achtsamkeit und Geduld die richtigen Angebote machen.

Ich nahm mir in dieser Zeit vor, ein Tagebuch zu führen. Ein Tagebuch mit Eintragungen über Erfolge des vergangenen Tages und Äußerungen zu Bedenken für den nächsten Tag, die nächste Woche. So trug ich jeden Abend das ein, was am Tag gut geklappt hatte oder glimpflich ausgegangen war. Ebenso meine Bedenken wegen irgendwelcher kommenden Situationen. Am Wochenende hielt ich immer Wochenrückblick im Büchlein. Dabei stellte ich fest, dass eigentlich recht viel ganz ordentlich verlaufen war. Auch meine Bedenken und Unsicherheiten fanden selten die vorgefühlte Umsetzung. Einmal mehr wurde mir deutlich, wie unterschiedlich Denkweise und Realität sein können.

Loslassen, ein großartiger Begriff. Wer loslassen kann, lebt definitiv freier. Ich fragte mich: Was heißt loslassen? Dazu trug ich folgendes zusammen:

Sich nicht zu viel sorgen, in einen Ablauf vertrauen, etwas akzeptieren, sich von bestimmten Gefühlen distanzieren, sich nicht rechtfertigen müssen, mal nicht beurteilen wollen, sondern neutral bleiben, Vergangenes nicht ständig wiederkäuen, viel mehr im Augenblick bleiben und Gottvertrauen für die Zukunft entwickeln. Und dann fiel mir noch, ich glaube, etwas Wichtiges dazu ein: keine Angst haben vor dem Tod.

Als ich dann ein gutes Buch zum Thema Meditation fand, bekam ich gute Anleitungen für mehr Gelassenheit und zum Loslassen können. Da war also ein Weg, mein Loslassen anzugehen.

Meditation, noch ein großartiger Begriff. Die Übungen, die ich im Meditationsbuch las, klangen eigentlich recht simpel, waren es aber in der Ausführung nicht immer. Wie inzwischen gut verstanden, galt es auch hierbei zu üben, ohne die Geduld zu verlieren.

Da gab es die Übung für den freien Kopf. Dafür setzte ich mich für eine halbe Stunde ruhig hin. Die Aufgabe war, alle kommenden Gedanken ohne Bewertung weiterziehen zu lassen. Akzeptieren, dass der Geist zunächst unruhig ist, bemerken und dann als total unwichtig gehen lassen. Wenn das etwas gelang, versuchte ich, mich auf den Körper zu konzentrieren und dabei alle Körperteile von unten nach oben der Reihe nach wahrzunehmen und ohne jede Bewertung des Zustandes immer weiter zu wandern.

Eine schöne Sache war die Gehmeditation. So etwas wie ein Spaziergang, ohne Handy und Gedanken an Vorher und Nachher. Um im Augenblick zu bleiben, half am Anfang, die Schritte immer bis hundert zu zählen, und später die Wahrnehmung der Umgebung. Nur schauen, was gerade unmittelbar vor und neben mir zu sehen ist.

Irgendwann bemerkte ich, dass mein Kopf langsam zeitweise freier wurde. So konnte ich Fehlgedanken noch leichter packen und umbauen.

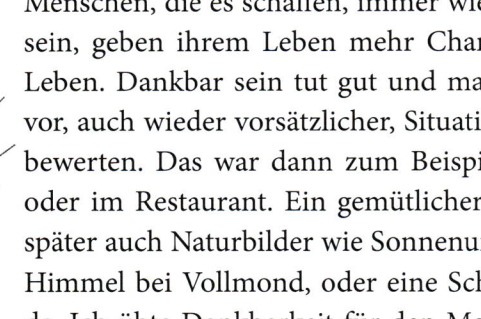

Dankbarkeit ist ein superguter Input für unseren Straßenbau im Kopf. Menschen, die es schaffen, immer wieder in ihrem Alltag dankbar zu sein, geben ihrem Leben mehr Chancen und ihren Chancen mehr Leben. Dankbar sein tut gut und man kann es üben. Ich nahm mir vor, auch wieder vorsätzlicher, Situationen, die passten, dankbarer zu bewerten. Das war dann zum Beispiel ein leckeres Essen zu Hause oder im Restaurant. Ein gemütlicher Abend mit netten Leuten und später auch Naturbilder wie Sonnenuntergänge und ein sternenklarer Himmel bei Vollmond, oder eine Schneewanderung am Wochenende. Ich übte Dankbarkeit für den Moment, in dem die Kopfschmerzen wieder weg waren oder eine glimpfliche Situation doch noch gut ausgegangen ist. Das Danke-sagen-Ritual, dreimal täglich wenigstens, trainiert, gute Gedanken zu bilden.

Ich lernte, dass Achtung vor sich selbst ein würdevolles Gefühl schafft. In dieser Selbstakzeptanz und Annahme der eigenen Person, mit allen Ecken und Kanten, fällt es auch leichter, andere Menschen so sein zu lassen wie sie sind, ohne sich angegriffen zu fühlen. Um das zu erreichen, dachte ich mir den ‚Ich gönne mir etwas'-Tag aus. Einmal ging ich mit mir ins Kino oder kochte mir mein Lieblingsessen. Ein anderes Mal lud ich Freunde zum Spieleabend ein und genoss die lustige Zeit. Dann kaufte ich mir eine besondere Zeitschrift. Der Phantasie sind keine Grenzen gesetzt und es geht nicht um große Ereignisse. So tat es auch ein gutes Hörbuch oder der neue Tee mit Kerze.

Wie oft hatte ich mich bei einem Gespräch geärgert, früher. Bis ich auf die Idee kam, alle Gespräche, die am Tag nicht zu meiner Zufriedenheit verlaufen waren, abends in Ruhe in meiner eigenen Vorstellung ideal durchlaufen zu lassen. So wurden aus Kontakten, bei denen ich zu kurz gekommen war, in der Gedankenvorstellung erfolgreiche Begegnungen. Mit mir allein hatte ich alle Zeit, die ich brauchte, um  in Ruhe zu überlegen, wie ich besser reagiert hätte, was ich hätte sagen können, ohne mich dabei zu ärgern. Diese Trockenübung der erlebten Situation trainiert für erfolgreicheres Reagieren und gelungenere Dialoge. Da das Gehirn nicht unterscheidet, ob etwas gedacht oder wirklich gelebt wird, schult man sich beim Visualisieren für eine bessere Reaktion und leichtere Kommunikationen in der Zukunft. Bis es real leichter wird, kann man immer wieder Situationen nacharbeiten und im Geiste umbauen.

Die Danach-Belohnung war auch eine Überlegung zum positiveren Denken und Handeln. Egal, welche Situation auf mich zukam, ob schwieriger Arbeitstag, unangenehmer Besuch oder Krankenhausaufenthalt, es gab immer ein Danach. Dafür dachte ich mir vor dem Unangenehmen etwas Belohnendes aus, auf das ich mich freuen konnte. So schlug ich über die weniger schöne Zeit eine Brücke zu etwas Gutem und versuchte, meine Aufmerksamkeit dahin zu lenken. Das gab meinem Geist den Hinweis, dass der Anstrengung etwas Schönes folgt.

Natur erdet uns und hilft, den Boden unter den Füßen nicht so schnell zu verlieren. Wir werden stressresistenter. So hatte ich mir bei meinem Plan vorgenommen, regelmäßig und bei jedem Wetter eine bestimmte Zeit zügig zu laufen. Wenn ich draußen war in der Natur, habe ich versucht, mich mit ihr zu verbinden, mit allen Sinnen teilzunehmen. Die Wolken zu beobachten, den Wind zu spüren, Vögel zwitschern und Bienen summen zu hören, bewusst an Rosen zu riechen und die Sonnenwärme in mich aufzunehmen. Naturbegegnungen gleichen aus und beruhigen.

Ein Lächeln zaubert schöne Momente. Früher hatte ich Blickkontakte mit fremden Menschen aus Scheu vermieden. Glaubte immer, dass ich niemanden beim Kontakt mit mir erfreuen könne. Dann übte ich, zum Beispiel, indem ich beim Einkauf im Supermarkt einer Oma zulächelte oder ihr behilflich war. Small Talk in einer Warteschlange. Kleine Kommunikationen und freundliche Gesten fingen an, mir Freude zu bereiten. Es fühlte sich einfach gut an. Ich begegnete vielen netten Menschen, die Resonanz auf meine Offenheit zeigten. Wenn wir den Mut haben, anderen mit freundlichem Ausdruck zu begegnen, werden wir mit vielen lächelnden Gesichtern belohnt.

Hier noch mal mein Plan in Kurzform. Vielleicht schreibst du deine ersten Erfolge passend unter die jeweilige Idee!

Tagebuch positiver Ereignisse, abends notiert

Neue Straßen im Kopf bilden

Gedankenmüll sammeln

Gedankendisziplin

Kontrolltagebuch

Was ist loslassen?

Meditation

Dankbarkeit üben

Das gönne ich mir!

Visualisieren der Idealreaktion

Die Danach-Belohnung

Naturverbindung

Wer von uns möchte nicht lieber ein Felix sein, statt diesem Mann aus dem Schnellimbiss zu gleichen? Jeder kann etwas tun, um einem besseren Lebensgefühl, egal, in welchem Alltag wir stecken, näher zu kommen. Wir können kreativ und spielerisch an die Wandlung hin zu mehr positiven Denkweisen gehen. Dabei wollen wir uns nichts vormachen oder schön klingende Worte auswendig lernen, sondern können Stück für Stück in einem nachvollziehbaren Prozess zu einem besseren Gedankenkostüm kommen und damit auch zu einem licht-volleren Lebensgefühl.

Doch viele von uns tun sich noch sehr schwer, wenn es um neutra-les und positives Denken geht. Wie oft haben wir uns schon selbst erwischt, wenn wir wieder einmal be- und verurteilt haben? Ein wenig geht es uns dabei, wie dem Imbissbudenmann: ‚lichtvoll‘ fühlt sich anders an.

Im Namen des Volkes ergeht folgendes Urteil

Sie sind zu dick, Ihr Anzug steht Ihnen nicht, Ihre Frisur ist hässlich, Ihr Kind auch. Ihr Vorgarten ist ungepflegt, Ihre Schuhabsätze sind zu hoch, Ihr IQ zu tief. Wer kein Fleisch isst, stellt sich an, Ihr Beruf ist nicht wichtig, Ihre Brille nicht schön. Sie wählen die falsche Partei und alle Reichen sind Angeber. Urteilen, Aburteilen, Beurteilen, Verurteilen, Urteilen.

Warum sind wir mit Beurteilung und Verurteilung oft so schnell bei der Hand? Was steckt dahinter?

Wir schauen uns das mal genauer an. Wer trägt die größere Bereitschaft, andere zu verurteilen? Jemand, der in seinem bisherigen Leben viel Freiheit, Selbstständigkeit und soziales Miteinander erlebt hat, oder eher jemand, der selbst viel be- und verurteilt wurde, dessen Selbstwertgefühl nicht gerade gut ist?

Wer sich seiner Person ganz sicher ist, ganz selbstverständlich positiv mit seiner Wertigkeit umgeht, der wird sich unabhängig und frei fühlen. Mit diesem Lebensgefühl können wir viel eher neutral bleiben. Wenn aber unser Selbstwert nicht sehr ausgeprägt ist, wir Zweifel an uns hegen, dann wird etwas in uns drücken, was kritisieren und verurteilen will.

Anders ist es, wenn ich Stärke und gutes Selbstbewusstsein besitze. Dann werde ich nicht versuchen, mir vermeintliche Größe einzureden, mit der Festlegung, dass die anderen falsch sind. Je mehr wir also mit uns selbst einverstanden sind, desto weniger werden wir verurteilen müssen. Wobei grenzüberschreitende Personen durchaus klare Ansagen brauchen, um zu begreifen, dass es so nicht geht. Das widerspricht einem neutralen Verhalten nicht.

Schwieriger wird es bei direktem Betroffenheitsgefühl.

Da ist vielleicht der Partner, der bei jeder kleinen Problematik eine echte Katastrophe herannahen sieht und das sehr aufdringlich mitteilen muss. Oder da ist die Mutter, die sich ständig in den Haushalt der Tochter und in die Erziehung der Kinder einmischen muss. Grenzen für das eigene Wohlgefühl werden hierbei ungemütlich überschritten. So ein Verhalten werden wir fast automatisch verurteilen. Wenn dann noch massive Zweifel an der eigenen Persönlichkeit hinzukommen, mischt sich bei uns Unwohlsein mit Verurteilung und Wut.

Nur, was löst das? Unsere Gefühle fahren dabei situationsbezogen Achterbahn und es geht uns nicht gut. Da müssen wir anders herangehen. Verhält sich jemand so, dass wir ganz direkt in unserer Komfortzone getroffen werden, dann ist für jeden zunächst nachvollziehbar, dass so ein Verhalten verurteilt werden sollte. So aber werden unsere

Gefühle weder frei noch leicht. Klarzustellen, was einen betrifft, sich aber dabei nicht in Verurteilung und Angriff zu verlieren, ist sicherlich nicht leicht.

Vor Gericht steht jedem Angeklagten ein Verteidiger zu. Diese Tatsache können wir uns hilfreich zunutze machen. Wenn der Partner aus dem Beispiel mit seinem Katastrophenfilm im Kopf sein Umfeld einmal mehr herunterziehen und verärgern könnte, lassen wir diesmal seinen Verteidiger zu Wort kommen. Vielleicht verweist dieser dann in unserer Vorstellung auf die Eltern des Partners, die, alles schwarzsehend, dieses Muster auf Sohn oder Tochter übertragen haben. Oder es meldet sich vielleicht ein Verlust aus der Vergangenheit.

Der Sinn dieses Verteidigers ist, zum einen die Wut oder den Schmerz unserer Betroffenheit zu neutralisieren, und zum anderen ermöglicht uns die Erkenntnis, Verständnis dafür zu haben warum sich unser Gegenüber so grenzüberschreitend verhält. Das heißt nicht, dass wir uns alles bieten lassen müssen. Wir setzen, wenn notwendig, natürlich Grenzen, werden dabei aber nicht mehr leiden müssen oder verletzt werden.

Das hört sich gut an, ist aber in der Realität alles andere als leicht.

Es lohnt sich aber unbedingt, bei der nächsten entsprechenden Situation einmal genauer hinzusehen:

Ich werde mir bewusst, dass ich gerade verurteile. Hat die Situation nichts mit mir zu tun, dann überlege ich, ob eine alte Verletzung zum

Vorschein kommt. Ich reflektiere mein Denken, nehme Abstand von mir und der Situation und versuche, mich ohne weitere Beurteilungen zu neutralisieren. Ich arbeite zur eigenen Stärkung weiter an Selbstakzeptanz und gesunder Persönlichkeit. Ich bin stolz auf jedes nicht verurteilte Ereignis.

Bei direkter Betroffenheit meiner Komfortzone durch grenzüberschreitendes Verhalten eines anderen gestehe ich dem Überschreitenden einen Verteidiger zu. Dieser gibt mir die Möglichkeit, Abstand zu nehmen. Denn die Erklärung des Verteidigers lässt mich Verständnis empfinden. Mit gutem Neutralitätsbewusstsein bin ich somit nicht verletzbar. Ich reflektiere, welchen Wert Verurteilung und Wut für mich haben, und trainiere mehr Gedanken für Neutralität.

Ich ziehe mental einen Kreis um die Situation und die damit verbundenen Emotionen und trete bewusst aus diesem Kreis heraus.

Verurteilen ist immer eine Entscheidung mit negativen Gefühlen. Wir stellen uns einmal vor, wir sind Großmeister im Bewahren von Neutralität und besitzen ein gutes, klares Bewusstsein. Wie sähe das aus und wie wären die Folgen?

Zunächst ist unser Grundzustand dann der des Optimisten. Im Alltag nähmen wir Situationen sehr bewusst wahr, ohne negativen Einfluss auf uns zuzulassen. Was aber nicht bedeuten würde, dass wir nach außen dicht machten und innen in Abwehrhaltung gingen. Das ist eine ablehnende Entscheidung und damit nicht neutral. Wenn wir uns innen als in Ordnung empfinden können, egal, was außen passiert, ganz sicher sind, dass für uns gut gesorgt wird, dann sind wir wirklich frei.

Nicht vergessen: wir sind gerade Großmeister. Somit haben wir das totale Gottvertrauen, ganz real oder auch übertragen. Wissen intuitiv aus dem trainierten Herzgefühl, dass unser Weg, so wie er verläuft, genau richtig ist. Mit dieser Sicherheit gelingt es uns zu erkennen, was gut und was nicht in Ordnung ist. So schaffen wir es, das für uns Richtige zu tun, dabei nicht zu verurteilen, sondern positiv für uns zu handeln. Unsere Gefühle sind dann frei. Wut, Hass, Angst, Ausweglosigkeit gibt es nicht. Hier beschreiten wir einen Weg, befreit von alten negativen Kindheitsbildern. Alle Situationen und menschlichen  Begegnungen heute sind dann unbeeinflusst von der Vergangenheit, ausgestattet mit dem sicheren Gefühl: alles ergibt so einen Sinn.

So, jetzt sind wir aber kein Großmeister. Nicht verzagen. Denn, wie immer, geht es auch beim Verurteilen und Angreifbarsein zunächst um das Erkennen dieser Abläufe. Allein das bringt uns schon in Bewegung. Und wir wissen, dass nur, wer in Bewegung ist, der eigenen Meisterschaft näherkommen kann. Auf diesem Weg werden wir immer mal wieder in die Verurteil-Falle tappen. Dann sollten wir aber nicht zu streng mit uns sein.

Das klappt besser, wenn wir uns mal die eigene Justitia ansehen. An manchem Gerichtsgebäude taucht sie auch heute noch auf, Justitia als Statue. Ausgerüstet mit der Augenbinde der Neutralität, Waagschalen auf gleicher Höhe im Sinne der Gerechtigkeit und dem Schwert der Entscheidung.

In unsere Falle getappt sieht unsere Justitia eher aus wie eine Obstverkäuferin, deren Marktstand vom Bus gerammt wurde. Waage auf halb acht, eine Schale rausgefallen, Augenbinde baumelt am Ohr, kein Schwert mehr da.

So oder ähnlich fallen zuweilen unsere Urteile gegenüber anderen und uns selbst, mal ins Bild gesetzt, aus. Über dieses Bild können wir aber auch den Humor in eigener Sache fördern.

Humor, eine ganz leichte Energie weit über Verurteilen, Verletzt- oder Beleidigtsein oder In-Wut-Festbeißen hinaus. Menschen mit gesundem Humor tun sich leichter, anderen zu vergeben, denn ihre Leichtigkeit überträgt sich auf das Ego. Es wird kleiner.

Ego ist ja bekanntlich der Kollege in unserem ICH-Unternehmen, der ständig im Weg steht, sämtliche Arbeitsabläufe verlangsamt und in seiner Wichtigkeit immer etwas zu meckern hat. Wenn Ego in unserem ICH-Unternehmen eine hohe Position ausfüllt, werden wir uns sagen hören: „Meine Mutter kann mich mal, ich rufe nicht zuerst an." Oder: „Mein Partner sollte mir auch so einen teuren Ring kaufen, wie meine Freundin ihn bekommen hat. Dann weiß ich, dass er mich liebt." Oder: „Wieso soll ich heute Abend auf die Kinder aufpassen, während du mit deiner Freundin im Kino sitzt? Du bist doch die Mutter."

Hinzu kommen alle Äußerungen mit den Intentionen: „Alle wollen mir was, ich bin ein armes Opfer.", „Ich weiß es besser als ihr.", „Meine Kinder sollen alleine zurechtkommen, das musste ich auch.", und Ähnliches.

Egal, auf welche Art Kollege Ego im ICH-Unternehmen zuschlägt, je wichtiger und lauter er ist, desto schwieriger wird es für uns neutral zu bleiben. Wir haben es dann immer mit einer großen Bedürftigkeit zu tun, einem Sich-über-außen-definieren-Wollen, und sind damit automatisch verbunden mit häufigen Be- und Verurteilungen. Ego wird niemals in sich ruhen, sondern ist ständig mit einer diffus drücken-den Energie präsent, die jede Neutralisierung und echtes Wohlgefühl  verhindert. Humor hingegen, auch über sich selbst lachen zu können, hat einen hohen Heilungswert. Wer sehr humorvoll, auch in eigener Sache, ist, der kann auch ‚Fünf gerade sein lassen' und wird definitiv leichter und von Herzen glücklicher leben.

Manche Menschen glauben, wenn sie sich provoziert fühlen, dass sie Stärke beweisen, indem sie mal richtig aufs Blech zu hauen. Dabei lassen sie sich auf ihr Gegenüber unreflektiert, voller verletzter Gefühle, ein. Stärke ist das nicht. Denn Stärke ist nicht heftig und niemals laut und böse. Stark sein werde ich nur, wenn mir mein Ego keinen Streich dadurch spielt, große Bedürftigkeit zu zeigen und unbedingtes Recht zu fordern.

Stark ist ein Mensch, der in sich ruht, wenig angreifbar ist, gepaart mit viel Verständnis und Humor für seine Lebenssituation und die seiner

Mitmenschen. So wird er von anderen als sehr sicher und authentisch wahrgenommen. Und da das, was wir aussenden, ja immer eine entsprechende Resonanz hat, werden starke Menschen weniger provoziert und angegriffen. Sie vertragen Kritik, wenn diese konstruktiv, förderlich einer Situation dient. Ein starker Mensch ist im Frieden mit sich, und so hat er in der Chefetage seines ICH-Unternehmens als wichtige Mitarbeiter den Humor, die Nächstenliebe, das Verständnis, die Neutralität und die liebevolle Selbstannahme unter Vertrag.

Wer diese Anteile zu entwickeln vermag, lernt zu lieben.

Wer lieben lernt, lebt leichter.

Wer leichter lebt, ist weniger angreifbar.

Wer sich nicht angegriffen fühlt, muss nicht verurteilen.

Und wer alles das schafft, dem scheint die Sonne auf dem Weg.

Während ich die letzten Zeilen noch einmal lese, kommt mir ein Gedanke: Wenn wir alle neutraler denken und leben könnten und in Folge dessen, uns allen die Sonne auf unseren Weg scheinen würde, gäbe es bald auf dem Erdball Frieden. Dann hätten wir das, was sich jeder von uns von ganzem Herzen wünscht: ein glückliches, viel leichteres, stress- und angstfreies Leben. Wir würden achtsamer im Augenblick leben, ohne unnötige Bewertungen von Menschen und Situationen, die unseren Moment nur störten. Natürlich schliefe unsere Erkenntnisfähigkeit dabei nicht ein. Aber das, was es zu erkennen gäbe, wäre zunehmend positiv und schön. Denn alles umfassende Neutralität fördert Achtung, Respekt und Wohlwollen für sich und die anderen. Be-und Verurteilen gäbe es nicht mehr und somit auch keine missachtenden Verhaltensweisen.

Auch das Kaufverhalten der Menschen würde natürlicher werden, nicht mehr gierig sammelnd. Was man dann bewusst erwirbt, brächte anhaltend Freude.

Die Begriffe Ruhm, Ehre, Ansehen, Diktatur, Dominanz, Strafe, Gewalt oder gar Krieg, gehörten immer deutlicher vergangenen Zeiten an.

Bewusst neutral leben heißt frei leben. Wer frei lebt, der muss sich und anderen nichts mehr beweisen, wird weder zum Täter noch zum Opfer. Diese, unsere Erde, entwickelte sich zuverlässig zu einem traumhaft schönen Planeten mit hoher Aufenthaltsqualität. Die Erde an sich wäre wohl längst bereit. Bleibt zu hoffen, dass es uns Menschen gelingt, langsam immer mehr in ein wohlwollendes, liebevolles Gefühl für unser kollektives Ganzes zu gelangen."

Das klingt richtig gut, das ist es auch. Aber bis wir dort ankommen, sind wir immer noch mal …

Aber-rababa

Welche Farbe mag die Welt der Aber-rababa Menschen wohl haben? Ein fröhliches Orange? Ich denke, eher nicht. Wer ständig an allem etwas auszusetzen hat, immer den Fehler in der Situation sucht und so recht nicht vertrauen kann, lebt auf jeden Fall nicht bunt. Dann ist es egal, was du sagst. Egal was du gerade freudig mitteilen möchtest, der Aber-rababa-Mensch weiß so gut wie immer, etwas entgegenzusetzen.

Dass damit jedem Gespräch die Leichtigkeit, Dynamik und der Fluss genommen wird, bemerkt der Nörgler nicht. Er folgt unreflektiert einem Gewohnheitsmuster, welches meist in der Kindheit durch ständig besorgte oder wenig fröhliche, pessimistische Eltern entstanden ist.

Ich möchte eine kleine Geschichte erzählen, die sehr deutlich zeigt, wie Aber-rababa im Alltag aussehen kann: Kennst du sie auch, die Aber-rababa-Menschen? Egal, was du ihnen erzählst, sie haben stets ihr Aber-rababa parat. Du triffst zum Beispiel eine gute Freundin auf der Straße und erzählst ihr: „Stell dir vor, ich habe einen kleinen Hund gekauft. Zwölf Wochen ist er alt, ein ganz niedlicher Rauhaardackel. Morgen hole ich ihn auf einem Bauernhof ab. Ich freue mich ja so!"

Die Freundin staunt: „Du bekommst einen Dackel? Der ist bestimmt niedlich, aber jetzt musst du erst einmal jede Nacht mit ihm raus. Bis der erst einmal stubenrein ist, das dauert." Du sagst: „Das legt sich ja auch mal. Außerdem tut mir etwas mehr Bewegung sowieso gut. Meine Kondition ist gerade nicht die beste."

Da lacht die Freundin: „Über Bewegungsmangel wirst du ab heute nicht mehr klagen können. Aber deinem Hund ist es dabei auch egal, ob es regnet oder stürmt, da bist du nun immer dran." „Daran gewöhnt man sich doch," erwiderst du, „wird wetterfest und stärkt dabei noch das Immunsystem. Da bleib ich länger jung und gesund."

„Aber krank zu werden kannst du dir jetzt sowieso nicht mehr leisten. Wer geht dann mit dem Hund raus? Und wenn er mal krank ist, dann wird es richtig teuer, weil …" Du unterbrichst: „Wieso krank? Mein kleiner Hund wurde untersucht, er ist ganz gesund und er muss doch auch nicht irgendwann krank werden."

Die Freundin daraufhin: „Na, vielleicht hast du ja Glück, aber heute sind viele Tiere total überzüchtet und ziemlich anfällig für alle möglichen Krankheiten."

Überzüchteter Rauhaardackel? Vom Bauernhof? Ich weiß nicht.

An der Stelle fällt dir spontan ein, dass du noch einen wichtigen Termin haben könntest, sagst das der Freundin und verabschiedest dich.

Sie ruft noch hinterher: „Aber du hast ihm hoffentlich nicht so einen albernen Namen wie Bruno, Fritz oder Harald gegeben." Du winkst beim Weggehen ab und denkst: „Oskar, er wird Oskar heißen."

Unterwegs hallt es in dir nach … jede Nacht raus … aber immer dran bei Regen und Sturm … aber aufpassen, nicht krank werden … aber Hund vielleicht überzüchtet und dann auch krank … aber Name kann auch falsch sein … aber-rababa-rababa-rababa.

Du gehst heim, nimmst dir vor, nicht weiter zu grübeln und freust dich sehr auf Oskar.

Und wir? Sind wir nicht alle ein bisschen Aber-rababa?

Wie wir im letzten Kapitel gelesen haben, und wie es unsere kleine Geschichte beschreibt, macht recht gut klar: Neutral bleiben, loslassen und einfach mal gar nicht bewerten ist oft verflixt schwierig. Wir können das beobachten und wenn wir uns dann beim Nörgeln und Beurteilen erwischen, wissen wir: Was bin ich wieder Aber-rababa. Das hilft!

Zwischendurch –
Texte zum darüber nachdenken III

Detektiv in eigener Sache

Selbstreflektion. Wie bewusst, wie beobachtend und wissend sind wir wirklich, wenn es um die eigene Person geht? Den ganzen Tag verhalten wir uns in irgendeiner bestimmten Art und Weise. Wir denken mehr oder weniger ständig etwas. Aber wie gewahr sind wir uns dessen? Wie bewusst ist uns, dass zum Beispiel das momentane Gefühl zu den Gedanken kurz zuvor gehört? Was haben wir da gedacht?

Unsere Körpersprache. Ist uns klar, wie wir uns im Gespräch mit anderen Menschen verhalten, wie wir auf sie wirken? Wie gestikulieren wir?

Ein ganz plakatives Beispiel mangelnder Situationsreflektion bietet eine Wut-Wortwechsel-Szene.

Zwei Menschen, gefangen in den eigenen Emotionen, die beiden gar nicht guttun. Sie: „Schrei doch nicht so, nur weil irgendein Fußballheini im Fernsehen den Ball mal gerade nicht trifft. Du kriegst den Hintern ja nicht mal hoch, um Müll raus zu bringen." Er: „Aber du, Ahnung von nichts, Hauptsache immer meckern." Sie: „Besser meckern, als den ganzen Tag das Maul nicht aufzukriegen." Er: „Ach nee, was soll ich denn sagen? Dich kann man nur dumm sterben lassen. Da ist doch Hopfen und Malz verloren."

Wir gehen besser mal dazwischen.

Was passiert hier? Völlig unreflektiert knallen verletzte und verletzende Emotionen aufeinander. Die Wortwahl entgleist, die Gesichtszüge auch. Keiner der beiden nimmt sich auch nur ansatzweise bewusst wahr.

Genau hinschauen kann man üben. Hinschauen, anstatt zu verdrängen. Wir können lernen, unsere Gefühle und Gedanken, unser daraus entstehendes Verhalten ganz deutlich zu erkennen. Jetzt bin ich wütend, warum? Woher kommt diese Angst in mir? Gerade lasse ich mich wieder benutzen! Wie zurückhaltend und unsicher ich mich in dieser Gruppe verhalte!

Wir können Mut zu uns selbst entwickeln. Um in Bewegung zu kommen, ist es wichtig, Selbstbeobachtung zu trainieren. Üben, in sich hinein zu fühlen, wahrnehmen, was da gerade im Inneren passiert.

Schalten wir bewusst unseren Detektivmodus ein für eine, bis jetzt, ungemütliche Situation. Sei es ein schwieriges Telefonat, unser Verhalten gegenüber unserem Partner oder Kind, oder auch unserer Hausarbeit, und gegenüber Momenten am Arbeitsplatz. Versuchen wir, auf Abstand zur eigenen Person zu gehen. Der Detektiv, der genau hinschaut.

Gehe in Gedanken bewusst drei Schritte von dir weg, nimm Abstand von dir, um dich neutraler wahrzunehmen:

Wie fühlt sich dieser Mensch (Ich)?

Seine Gestik. Was macht er mit den Armen, wie fühlt sich sein Rücken, sein Kopf an?

Was kommt aus seinem Mund, welche Worte, spontan ohne Überlegung?

Wie reagiert der Mensch auf Provokation, auf verbale Angriffe, auf unschöne Äußerungen?

Lässt er sich darauf ein und schießt zurück?

Empfindet er Angst, Wut, Trauer oder Mutlosigkeit?

Bleibt er gelassen, fühlt sich nicht angreifbar, hat nicht den Zwang, sich rechtfertigen zu müssen?

Verhindern wir, in einer Opferrolle steckenzubleiben. Denn nur, wenn wir nicht in Selbstmitleid und Schuldzuweisung festsitzen, sondern bewusst hinschauen und mutig versuchen, objektiv zu bleiben, werden wir eine Veränderung in Bewegung setzen.

Ein geschulter Detektiv erkennt auch, wie es anderen geht. Wieder werden wir durch bewusstes Hinsehen viel erfahren. Gar nicht lange und wir leben reflektierter und mit der Zeit werden Alltagssituationen selbstverständlich besser ablaufen. Leben wird leichter.

Was ist aus Anna geworden?

Zwei Jahre sind nun vergangen, seit Anna in ihrer Vollmondnacht am See saß. Zwei Jahre, in denen viel geschehen ist. Aber diese eine Nacht, in der sie das erste Mal Kontakt mit sich hatte, die wird sie nie mehr vergessen. Und heute hat sie es geschafft. Anna lebt!

Es waren absolut keine leichten zwei Jahre. So schön und erlösend diese Nacht damals auch war, so sicher sie danach wusste, dass sie eine Chance hat, genauso schwierig zeigten sich in der Folge manche Zeiten. Es war ein ständiges Auf und Ab.

Hoffnung folgte auf Zweifel, Enttäuschung auf Erfolg, aber auch die Freude nach sicherer Erkenntnis. Es wurden für Anna die wichtigsten Jahre.

Sie begann, sich wahrzunehmen, zu achten, zu lieben. Immer besser gelang es ihr, gesunde Grenzen zu setzen. Immer seltener war sie noch Funktionsorgan für andere Menschen und wenn doch einmal, dann konnte sie das erkennen und reflektieren.

Anna hatte im Laufe der Zeit eine psychologische Beraterin gefunden. Ihr vertraute sie wie einer guten Freundin, denn bei ihr waren jede Besorgnis und alle Gedanken gut aufgehoben. Diese Frau half Anna, ihre Persönlichkeit auszubreiten, zu wachsen und langsam aber sicher ein Zuhause in sich und dieser Welt zu finden. So also konnte Leben sein!

Immer zuversichtlicher nahm Anna an diesem, ihrem Leben teil. Es fing an, ihr sehr viel Freude zu bereiten.

Und im gleichen Maße, wie sie übte, angstfreier und selbstverständlicher für sich zu sorgen, wuchsen ihr Lebensmut, ihre Kräfte und natürlich das gute Gefühl, das eigene Leben auch selbst zu verantworten und zu gestalten.

Die Einbrüche kamen seltener und rissen keine Seelenkrater mehr in ihren Alltag. Es war einfach schön zu begreifen, welche Wirkung eine Ursache hat. Wie Menschen auf das Verhalten des Anderen reagieren. Vor allem, wie erlösend es ist, sich niemandem mehr aus Angst zu unterwerfen, mit der Erfahrung, dass die Resonanz von außen gar nicht so gefährlich ist wie es sich früher immer angefühlt hat. Im Gegenteil. Anna lernte: Sorge ich für meine Selbstachtung und Würde, dann tun es die anderen auch.

Fast zwei Jahre sind vergangen, seit Anna mit einem liebevollen Schutz aus ihrem Inneren losging, in Bewegung kam auf der Suche nach mehr Glück und Frieden für sich.

Und heute weiß Anna, dass da noch ein Weg zu gehen ist. Sie hat verstanden, was es heißt, wenn sie liest: „Der Weg ist das Ziel". In Bewegung kommen, losgehen, etwas für sein Wachstum tun, Fehler und

Blockaden erkennen und an der Auflösung arbeiten. Ganz wichtig dabei: niemals aufgeben. Auch wenn es Zeiten gibt, die scheinbar keine andere Möglichkeit mehr zulassen wollen.

Anna wird am Ball bleiben, immer wieder etwas weiterkommen und wachsen, weil die Richtung stimmt hin zu einer runden Persönlichkeit. Der Weg ist das Ziel!

Und wie steht es mit Annas Mann? Die beiden haben sich nicht getrennt. Obwohl, zu Beginn dieser Wachstumszeit fand Annas Mann das, was da geschah, mehr als bedenklich. Für ihn war damals alles vorstellbar. Angefangen beim Sektenbeitritt seiner Frau über Abdriften aus dem Realen hin zu unkontrollierbar verwirrtem Widerstand. Zumal Anna sich aus irgendeinem Grund ihres befremdlichen Verhaltens sehr sicher schien. Es war für Annas Mann beängstigend und verunsichernd, weil überhaupt nicht greifbar. Das hatte zur Folge, dass er unreflektiert, wie er zunächst noch war, die alten Register ziehen wollte.

Schuldzuweisungen zum Beispiel, Äußerungen, wie: „Du bist komisch geworden, da steckt doch ein anderer Mann dahinter!" sollten Wirkung zeigen. Schweigen, anstatt zu antworten und launisches Bedürfnis nach Egopflege waren Versuche, Anna wieder berechenbar unter Kontrolle zu bekommen.

Aber irgendwie, für Annas Mann nicht gut nachvollziehbar, funktionierte das übliche System überhaupt nicht mehr. Anna war wohl noch zu beeindrucken, trotzdem reagierte sie anders als früher. Und immer seltener blieb sie still oder brach ein. Vielmehr war sie immer häufiger einer für ihn notwendigen Diskussion gewachsen.

Annas Mann war sich sicher, es musste mit den vielen Büchern, die seine Frau jetzt las, und mit dieser Frau, dieser psychologischen Beraterin, zusammenhängen.

Es dauerte einige Zeit, ehe er langsam zu verstehen begann, dass Annas Veränderung ihn gar nicht bedrohte. Ihr stärkeres Auftreten ließ ihn eine recht neue Anna kennenlernen. Sie übte, ihre eigene Meinung zu äußern, trat ihren Ängsten tapfer entgegen und eines Tages brachte sie ihrem Mann zwei Bücher mit.

Das eine hatte das Thema ,Kommunikation in der Partnerschaft' und das andere handelte über das Arbeiten mit dem Inneren Kind. Eigentlich nur aus Neugier schaute Annas Mann in die Bücher. Und etwas später gelang ihm etwas Wunderbares. Er las mit zunehmend mehr Interesse das, was da geschrieben stand. Es begann, ihn zu berühren und das mit jeder neuen Erkenntnis immer eindringlicher. Oft war das sehr unangenehm. Denn was er dort las und immer mehr auch verstand, machte keinen Helden aus ihm.

Ganz im Gegenteil. Ihm wurde klar, dass er unter seinem Vater litt. Eine unverarbeitete Wut, die bis heute nicht gelöst war. Daraus war eine unschöne Mischung aus Vaterimitation und ständigem Bedürfnis, zur eigenen Bestätigung dominieren zu müssen, entstanden. Eine nicht geheilte Wut auf den Vater, unreflektiert fehlprojiziert auf die eigene Frau. Er erkannte, dass er wieder und wieder den alten Gefühlen von „Man tut mir unrecht und man achtet mich nicht" in den verschiedensten Situationen geglaubt und entsprechend aufbrausend reagiert hatte. Hinzu kam sein ganz schlechter Selbstwert aufgrund der erfahrenen Missachtung in seiner Kindheit.

Das, in Kombination mit jeder Menge alter Wut, machte aus Annas Mann einen launischen Fiesling.

Da Anna bis zu ihrem Erwachen keine Rechte für ihre Persönlichkeit leben konnte, war ihr Mann für sie eine autoritäre Macht, der sie nicht zu widersprechen wagte. Nur so, mit Unterdrückung aus eigener Kindheit im Gepäck, konnte in Anna überhaupt dieses schlimme Angstmuster und die große Traurigkeit entstehen.

Heute weiß Anna, woher ihre Ängste kamen. Sie hat gut gelernt, Ursache und Wirkung, auch im Leben ihres Mannes, richtig einzuordnen. Das allein hat ihr Licht in die leidende Seele gebracht. Ursachenfindung macht ein Leiden greifbar. Und nur das, was wir greifen können, können wir auch verändern. So hat Anna Stück für Stück die Verantwortung für ihr Leben übernommen und damit verbunden Freude am Hiersein gefunden. Inzwischen liebt sie es, zu handeln, anstatt immer nur zu reagieren.

Annas Mann übt nun inzwischen auch mit wachsendem Erfolg, ein guter Partner zu sein. Auch er lässt sich, nach etwas Überredungskunst seiner Anna, immer mal wieder coachen. Das sichert auch ihm eine objektivere Reflektion seines Verhaltens.

Außerdem geht es bei Wachstum ja noch um viel mehr als Partnerschaft. Auch als Individuum in dieser Welt kann es nur förderlich sein, persönlichkeitswachsend in Bewegung zu bleiben. Anna ist ihrem Mann sehr dankbar. Es ist ein beglückendes Gefühl, und das für beide, sich endlich mit Respekt auf Augenhöhe zu begegnen. Und immer noch bei Vollmond hat Anna ihr ganz besonderes Date mit ihrer Seelenstimme. Nicht mehr so einzigartig und draußen am See, dafür dankbar mit der Gewissheit:

Ursache macht Wirkung, Wirkung macht Schmerz, Schmerz will erkannt werden, Erkenntnis macht Mut, Mut macht Bewegung, Bewegung macht Veränderung, Veränderung macht frei!

Und was macht die liebe, wunderbare Anna heute? Sie befasst sich neuerdings mit ungewöhnlichen Heilweisen, aber das ist eine ganz neue Geschichte.

Wir haben in über drei Geschichten an Annas Persönlichkeitsentwicklung teilgenommen. Zwei Jahre des Wachstums, in drei Momentaufnahmen festgehalten.

„Bedenken wir wie Annas Geschichte begann: Eine leidende, junge Frau, die noch gar nicht reflektieren konnte, was da in ihr vorging. Annas Anfangsgeschichte hat sicherlich so manchen von uns beim Lesen selbst traurig gemacht, vielleicht sind auch ein paar Tränchen gerollt. Aber das hat seinen guten Grund, denn in vielen von uns „lebt etwas Anna". Und so erzählt ihre Geschichte, ihr Weg zur inneren Befreiung, auch etwas über uns selbst.

Es ist kein Zufall, dass in dem Maße, wie wir Bewusstsein für Ursache, Auswirkung und erfolgreiche Veränderung entwickeln, auch Anna in ihren weiteren zwei Geschichten passend dazu wächst.

Ganz in der Tiefe ist es vielleicht so etwas wie unsere eigene Geschichte des Wachsens und Heilens.

Und deshalb ist ‚Anna' ist eine Hommage an alle Frauen und Männer, die sich tapfer durch ihr Leiden hin zu einer bewussten Persönlichkeit gekämpft haben, ohne aufzugeben.

SCHATZKÄSTCHEN
voller schöner Ideen

Eine Sammlung wertvoller Hilfen
für den täglichen Gebrauch

Idealvision: Du hast eine Situation vor dir, die dich herausfordert. Sei es, dass du einen Vortrag halten musst, dich mit jemandem auseinandersetzen willst, Angst vor dem Zahnarzt hast oder eine gute sportliche Leistung bringen möchtest, was auch immer.

Nimm dir eine halbe Stunde Zeit, in der du ungestört bist. Komme zur Ruhe und gehe dann im Geiste die bevorstehende Situation in Idealform durch. Sieh dich ruhig und erfolgreich. Überlege dir die nötigen Dialoge, sieh dich angstfrei und froh aus der Situation herausgehen. Übe mehrmals, solange, bis dir ein glatter Vorstellungsdurchgang gelungen ist.

Zeitfenster: Du stehst wieder vor einer herausfordernden Situation? Vielleicht ist es eine Prüfung oder ein unangenehmes Gespräch oder ähnliches. Nimm dir wieder etwas Zeit, komme zur Ruhe. Jetzt überlegst du dir etwas sehr Schönes für die Zeit nach dieser Herausforderung. Du denkst dir eine Belohnung aus.

Stelle dir eine gläserne Brücke vor. Diese Brücke geht oben über die Situation hinweg in die nahe Zukunft. Nun stellst du dir vor, wie du über diese Brücke gehst, über der Situation kurz mal nach unten schaust, mit dem Gedanken: „Ach, da löse ich gerade etwas, aber wichtiger ist, was danach kommt!", gehst du weiter. In der nahen Zukunft kehrt die Brücke wieder zur Erde zurück. Hier wartet dann deine Belohnung, an die du mit Freuden denkst.

Schutzpyramide: Begib dich mental in eine große gläserne Pyramide hinein. Stell dich in deinen Gedanken mitten in die Pyramide. Ganz oben an der Spitze denkst du dir eine goldene Kugel. Durch diese goldene Kugel fließt nun Licht weißgolden auf dich herunter. Es ummantelt dich wie ein Wasserfall und nimmt dabei alle Schlacken und negativen Anteile von dir fort. Im Boden befinden sich kleine Löcher, durch welche die negativen Teilchen abfließen. Stell dich mental in deine Pyramide, wann immer du Schutz brauchst und dich energetisch reinigen möchtest.

Das fröhliche Tagebuch: Notiere jeden Abend drei oder mehr schöne Situationen vom Tag. Dabei geht es nicht um große Ereignisse, sondern um kleine Momente, die dein Herz erfreut haben. Dabei kann es sich um ein leckeres Eis handeln, ein unerwartet entdeckter Schmetterling, das Lächeln eines fremden Menschen, schöne Situationen mit deinen Kindern oder andere kleine Begebenheiten.

Das Wutbuch: Kommt in dir alte Wut hoch, sei es durch eine momentane Situation oder Arbeiten an der Kindheit, dann braucht diese Wut einen Kanal. Unterdrücken macht es nur schlimmer und lieb sein zu wollen auch. Das Wutventil bei einem anderen Menschen zu öffnen gleicht einem Bumerang. Wut muss sich unzensiert und ungebremst entladen können. In Zeiten aufkeimender Wut schreib alles, was dir in den Sinn kommt, immer wieder in ein spezielles Wutbuch. Wichtig ist, dass du unzensiert, ungeschliffen und ohne jede Hemmung schreibst. Wut ist nicht vornehm und kann deshalb auch nur entsprechend entladen werden. Zeige niemandem das Buch und nutze es, solange noch etwas nachkommt.

Mein inneres Kind belohnen: Kommst du nach einem Wutausbruch durch Entladung zur Ruhe, belohne dich. Pack dich in eine warme Decke, trinke deinen Lieblingstee. Fühle dich wie ein Kind, das sich endlich getraut, hat auf den Tisch zu hauen und dabei gut für sich und seine Rechte gesorgt hat. Solltest du weinen müssen, sind das die Reinigungstränen, die deine Seele waschen.

Schiffsbau: Solltest du einmal Langeweile haben oder deinen Kopf aus dem Gedankenkarussell herausholen wollen, dann stell dir einmal folgendes vor: Du befindest dich mit deinen Freunden oder Kollegen oder der Familie an einem Strand. Hier liegt jede Menge Material für einen Schiffsbau herum. Lass vor deinem inneren Auge jeden auf seine Art sein Schiff bauen. Schau mal im Geiste hin. Wer baut alleine, wer gar nicht? Welches Schiff ist hochseetauglich, welches gleicht einem Kutter, welches droht, schon vor dem Stapellauf auseinander zu fallen, welches wirkt sehr edel?

Du wirst zu einem überzeugenden Ergebnis kommen.

Wortspiele: Deine Gedanken drehen sich im Kreis oder bringen dich gerade nicht weiter? Mach deinen Kopf frei mit einem Wortspiel.

Denke dir einen positiven Begriff aus und danach einen negativen, der mit dem letzten Buchstaben vom positiven beginnt. Danach wieder einen positiven Begriff, der mit dem letzten Buchstaben des negativen Wortes beginnt. So weiter im Wechsel: positiv – negativ – positiv.

Beispiel: Liebe – Elend – Dankbarkeit – Trauer – Regenbogen – …

Oder du reimst positive Begriffe auf negative.

Beispiel: Aggression – Saxophon, Hiebe – Liebe, Faustschlag – Feiertag …

Augenentspannungsübungen: Setze dich möglichst ruhig hin. Fixiere nichts im Raum. Dann schaue nach links, geradeaus, nach rechts, geradeaus, nach oben, geradeaus, nach unten, geradeaus. Rolle die Augen dreimal rechts herum, dann rolle mit den Augen dreimal links herum. Bei diesen Augenübungen denke bewusst daran, möglichst ruhig weiter zu atmen und die Schultern entspannt hängen zu lassen.

Reibe dann die Handflächen aneinander warm und lege sie auf die geschlossenen Augen. Mach den Kopf dabei frei. Das gelingt leichter, wenn man dabei „WARM" denket und die Entspannung seiner Augen bewusst wahrnimmt. Danach reibe das Gesicht, recke dich und kehre langsam wieder in den Alltag zurück.

Dein innerer Kraftort: Setze dich an deinen Lieblingsort und stell sicher, dass du für eine halbe Stunde nicht gestört wirst. Schließe deine Augen und lass vor dir eine wunderschöne Vision entstehen. Das Bild deines starken Kraftortes.

Du bist nun auf einer Wiese, auf der die schönsten Blumen blühen. Ganz in der Nähe plätschert ein Flüsschen über Steine, du hörst das Wasser leise rauschen. Die Sonne scheint warm und liebevoll auf dich, du hörst Vögel mit unterschiedlichen Stimmen zwitschern. Es duftet nach Blüten und Frühlingsluft. Du spürst zarten Wind im Gesicht. Du fühlst dich so frei und sicher. Nun schaust du dich um. Du weißt jetzt, dass du dich an deinem ganz persönlichen Kraftort befindest. Um deine Wiese herum wachsen viele Bäume, deine Lieblingsbäume. Deine ganze Wiese ist umgeben von einem Lichtkreis, durch den absolut keine negativen Energien hindurch können.

Du setzt dich auf eine Bank und nimmst ganz bewusst wahr, dass deine Wiese von hohen schützenden Bäumen umgeben ist. Alles umgibt ein besonderes Schutzlicht, durch das gar nichts Negatives auf deine Wiese gelangt. Hier ist alles ganz sicher, ganz gut und jetzt nichts wichtig. Hier bestimmst du ganz alleine, wer zu dir darf. Hier kannst du auch in totaler Sicherheit nur für dich sein.

Wiederhole diese Vision regelmäßig, bis du sie auch in Tagessituationen einsetzen kannst. Zum Beispiel dann, wenn du dich irgendwo nicht ganz sicher fühlst oder einfach unruhig bist. Diese Bilder beschreiben deinen inneren Kraftort.

Das Krönchen: Stelle dir Situationen vor, die dich verunsichern, weil Menschen dabei sind, denen du zu viel Macht zugestehst. Oder sieh dich in einer Gruppe, in der du dich unwohl fühlst, oder, wie du durch eine Menschenmenge nicht gehen möchtest. Setze dir immer zuvor mental deine wunderschöne Krone auf. Übe, dich als Königin, als König zu fühlen, ohne weitere Analyse dieser Vorstellung.

Gefühlsskala: Negative Gefühle wie Angst, Unruhe, Schwere oder Wut sind keine feststehenden unveränderbaren Zustände. Das Bild einer unveränderbaren Angst zum Beispiel könnte man mit einem Kreis drumherum darstellen. Aber Angst, Unruhe und andere unschöne Gefühle sind komplette Gegenpole eines positiven, guten Gefühls. Damit sind sie nicht statisch gefangen, sondern veränderbar.

Der negative Pol Angst hat den positiven Gegenpol Liebe und Freiheit. Der negative Pol Unruhe hat am anderen Ende als Gegenpol die Stille und Ruhe. Der negative Pol Wut hat auf der anderen Seite den Frieden. Die Schwere an dem einen Ende ist der Gegenpol zur Leichtigkeit am anderen.

Stelle dir nun eine Skala als Linie vor. Am Anfang, ganz links ist der negative Pol und am Ende, ganz rechts, der positive. Auf dieser Linie befindet sich ein Regler, wie wir ihn am Mischpult eines Musikers haben. Diesen Regler können wir von ganz links nach ganz rechts schieben.

Stelle dir mental eine Skala mit deinem Problem vor, zum Beispiel das Problem der inneren Unruhe. Nun schiebe in Gedanken deinen Regler von links, wo die Unruhe einen Pol bildet, langsam nach rechts zum Pol der Ruhe hinüber. Mach dir ganz klar, dass dein Zustand veränderbar ist, kein statischer mit Kreis drum herum, sondern ein beweglicher. Übersetze das Bild der Skala mit dem verschiebbaren Regler auf dich als deinen sich veränderbaren Zustand.

Der kleine Vogel

Es war einmal ein kleiner, blauer Vogel, der sang und jubilierte den ganzen Tag.

Er liebte es, vom Wind durch den Himmel getragen zu werden. Und wenn er über den Wolken stundenlang segelte wie das Schiffchen auf dem Meer, war seine Freude größer als die ganze Welt und seine Sorgen kleiner als ein Haferkorn.

Die Sonne war dann seine gute Freundin, die ihm Herz und Gefieder wärmte.

Dieser kleine, blaue Vogel fühlte sich tief verbunden mit ein paar anderen bunten Vögeln. Er nannte sie seine Seelenlichter. Sie trafen sich oft und voller Vorfreude in ihrer alten Eiche am Rande der Blumenwiese. Und wenn sie so zusammenhockten, dann ging die Sonne unter und der Mond ging auf, und der Mond ging mit den Sternen wieder schlafen und die Sonne erwachte am Wiesenrand … und alles schien nur 5 Minuten gedauert zu haben. Denn ihre Gespräche waren wie Lieder, fröhliche und traurige Melodien. Ihr Zusammensein war leicht wie ein Zitronenfalter im Frühlingswind. Aus vollen Herzen lachten sie oft mit-, aber niemals übereinander, denn Humor war für sie die lebensfrohe Seite der Wahrheit.

Sie waren kleine, bunte Vögel und ihre Seelen glichen sich so sehr! Und schmerzte eine Seele, so spendeten die anderen ihr Trost. In einem solchen Moment verwandelten sich die Freunde zu einem einzigen großen Vogel. Doch außer ihnen selbst konnten dies nur wenige andere erkennen, denn so viele schauten nur mit den Augen.

War die Zeit des Zusammenseins vorbei und alle flogen über die Wiese davon, spürten sie noch eine ganze Weile den scharfen Schmerz der Seelentrennung im Bauch. Bis über den Wolken der Wind wieder die Erinnerung an Freiheit ins Gefieder wehte.

Eines Tages landete der kleine, blaue Vogel auf der Fensterbank eines weißen Hauses mit roten Fensterläden. Das Fenster war weit geöffnet. Vorsichtig lugte der kleine Vogel ins Zimmer. In der Mitte stand ein Tisch, mit vier Stühlen ordentlich umrahmt. An der Wand ein Schrank mit Türen und ein kleiner Tisch mit einem sauberen, weißen Deckchen. An der anderen Wand hing der Straßenplan der Stadt neben einer eckigen, weißen Uhr, sehr pünktlich.

Ein Mensch betrat das Zimmer und kam zum Fenster. Er sprach den kleinen Vogel freundlich an und lud ihn zu sich ins Zimmer ein. Der kleine, blaue Vogel freute sich sehr. Aufgeregt flatterte er ins Zimmer und landete auf dem Tisch. Der freundliche Mensch deutete auf das weiße Deckchen und bat den kleinen Vogel, darauf Platz zu nehmen. „Wie vornehm und extra für mich", dachte der Vogel und freute sich noch mehr. Der freundliche Mensch setzte sich an den Tisch. „Wie schön", sagte er, „dass du hierher gekommen bist! Weißt Du, ich bin oft allein. Wir sollten Freunde werden! Und da kommt mir eine recht gute Idee: Du kannst hier bei mir wohnen und dann sollst du all das bekommen, was gut für dich ist!"

Der kleine, blaue Vogel fühlte sich sehr geschmeichelt und dachte: „Heute ist mein Glückstag." Den kurzen, heftigen Stich in seiner Brust beachtete er dabei nicht. Er würde ab jetzt edel und gut behütet wohnen, und so freundlich und hell.

„Ich muss sofort meinen Freunden von meinem neuen Zuhause berichten", rief der kleine Vogel fröhlich. Und bevor er zum Fenster hinausflog, gab ihm der freundliche Mensch noch einen Rat mit auf den Weg: „Komm nicht so spät wieder, es wird bald dunkel und du könntest dich verfliegen! Außerdem schließe ich meine roten Fensterläden immer um genau 22 Uhr. Bitte denke daran!"

Beim Hinausfliegen dachte der kleine Vogel noch: „Wie besorgt der freundliche Mensch um mich ist. Er meint es gut mit mir, ich werde ihn nicht enttäuschen!"

In der alten Eiche am Rande der Blumenwiese saßen schon die Freunde. „Prima, dass du noch gekommen bist. Ist alles in Ordnung?", riefen sie ihm entgegen. „Und wie in Ordnung!", schmetterte der kleine, blaue Vogel zurück. Und dann erzählte er aufgeregt von seinem neuen Zuhause. Alle waren mit ihm begeistert, nur ein älterer, gelber Vogel schaute ernst, fast traurig drein. Wahrscheinlich war er nur müde.

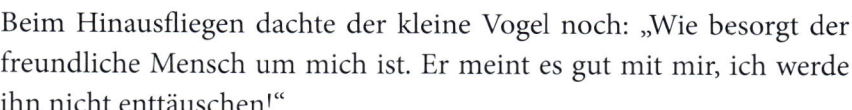

Angestiftet durch den kleinen Vogel waren alle heute besonders froh und übermütig. Lachten, neckten sich und hatten sich alle sehr lieb. Mitten im Gesang durchfuhr den kleinen, blauen Vogel ein kurzer, heftiger Stich, er musste ja nach Hause. Und es schien ihm, als wäre er nur einen Flügelschlag lang in der Eiche gewesen. „Ich muss heim", rief er erschreckt, „ich kann doch den freundlichen Menschen nicht enttäuschen!"

Am weißen Häuschen angekommen, sah der kleine Vogel den Menschen schon wartend am Fenster stehen, die Arme zu den Fensterläden ausgestreckt: „Ich wollte gerade schließen, da hast du aber Glück gehabt!" Den Vogel durchfuhr ein kurzer, heftiger Stich, er war wohl zu schnell geflogen. Außerdem hatte er ein schlechtes Gewissen, das nächste Mal wollte er pünktlicher sein.

Im Zimmer brannte künstliches Licht, der freundliche Mensch schloss die Fensterläden.

„Eigentlich schade!", dachte der Vogel, „draußen ist doch noch das wirkliche Licht und man hört, wie die Welt lebt. Hier drinnen ist es jetzt so still …" Aber dann wurde er sofort abgelenkt, denn der freundliche Mensch stellte einen goldenen Käfig auf den Tisch: „Schau, was ich extra für dich gekauft habe, er hat mich viel Geld gekostet! Du weißt das sicherlich zu schätzen und freust dich!" Erwartungsvoll blickte der freundliche Mensch auf den kleinen Vogel. Dieser wollte begeistert sein, jubilieren und singen zum Dank, aber er brachte nichts heraus. Freute er sich etwa nicht? Er verstand sich selbst nicht, war er so undankbar? Der freundliche Mensch meinte es doch gut mit ihm.

„Du brauchst nichts zu sagen, ich weiß, dass Du sehr müde sein wirst!" Mit diesen Worten öffnete der Mensch eine kleine Klappe am Käfig und deutete dem Vögelchen, hinein zufliegen.

Wie fremdgesteuert folgte es der Aufforderung. Alles war hier drinnen nett zurecht gemacht. Wasser, Körner, Sand und Plastikstangen … „Und die Wiese und meine Äste?", fuhr es dem kleinen Vogel durch den Kopf. Aber er wollte nicht undankbar sein, immerhin konnte er zwischen den goldenen Stäben ins Zimmer schauen. Der freundliche Mensch schloss die kleine Klappe: „Du hast es ab jetzt richtig gut, alles habe ich für dich richtig schön gemacht! Schlafe nun fein bis morgen früh!"

Vom Öffnen der roten Fensterläden erwachte der kleine Vogel. Irgendwie war die Sonne heute Morgen wie von Zauberhand an den Himmel gesprungen. Sonst ging sie immer ganz gemächlich auf. Doch das machte ja nichts. Herrlich frisches Wasser und gesammeltes Korn, das Vöglein musste nur noch speisen. Wie lieb alles bereitet war! Der freundliche Mensch öffnete die kleine Klappe: „Jetzt darfst du ein wenig im Zimmer umherfliegen!"

Das Vöglein startete vom goldenen Käfigrand vorbei an Fenster, Schrank, Tür, Uhr, Stadtplan, Fenster, Schrank … und landete auf dem Tisch.

Der freundliche Mensch erzählte von seinem Leben, in dem nicht viel passierte. Er sei zufrieden. Zwar wären die ehemaligen Freunde inzwischen alt oder krank und könnten sich deshalb nicht mehr so um ihn kümmern, aber sein Haus sei sehr praktisch und sauber. Außerdem wäre er gesund, hätte ein Sparbuch. Er interessiere sich für die Börse, und jetzt sei ja auch das Vöglein da, um seine Zeit mit ihm zu teilen. Das kleine, blaue Vöglein spürte einen kurzen, heftigen Stich in seiner Brust. Zeit zu teilen war doch etwas Wunderschönes?!

Dann erzählte auch das Vöglein von sich. Dass es viele Freunde habe, und jeder mit einer anderen Farbe, und alle könnten sich gegenseitig zum Lachen bringen, und wenn einer weinen müsse, wären alle traurig und dann würden sie nicht eher aufgeben, bis dieser Eine wieder Licht im Bauch hätte, und dann ginge es allen wieder gut, und über grüne Wiesen würden sie reden, über den Himmel, die Liebe, den Schmerz, und manchmal wäre das blaue Vöglein wohl auch krank, weil es selbst einen besonderen Schmerz im Herzen spüre, und manchmal sei da so viel Wärme und Liebe in seinem Bauch, dass es mit seinen blauen Flügeln die ganze Welt umarmen könne, und dann sei es so heil und stark, und ein Leuchten wandere von einem Freund zum nächsten, und dann liefe die Zeit viel, viel schneller und keiner verstehe, wohin sie so schnell verschwunden sei und dann …

Der freundliche Mensch nickte und griff nach seiner Morgenzeitung. Nun kannte er das kleine, blaue Vöglein wohl gut genug. Es war für ihn sehr wichtig, was in der Welt passierte. Alles stand in seiner Zeitung. Das Vöglein wartete und schaute beim Lesen zu. „Wer ist denn der Chef in eurer, eurer … Sippe?", fragte der Mensch irgendwann über seine Zeitung hinweg.

„Wir brauchen keinen Chef. Jeder weiß selbst, was für ihn das Beste ist!" Das Vöglein freute sich, dass der freundliche Mensch seine Zeitung beiseite legte und sich ihm zuwandte: „Und wer sorgt dann bei euch für Ordnung und passt auf, dass niemand etwas falsch macht? Oder verscheucht die, die nicht dazu gehören, weil sie meinen, sie müssten so anders sein? Und wer bestimmt eure Farben und sagt euch, worüber ihr reden könnt?"

Das kleine Vöglein konnte nicht recht verstehen: „Unsere Ordnung ist wie Blätter im Wind. Deine scheint zu sein wie eine Kette, Perlen, ordentlich aufgereiht. So hat jede Seelenlandschaft doch ihre eigene Farbe, ihren eigenen Klang, ihr eigenes Wesen. Wie kann da jemand von außen wissen, was gut und was zu tun ist? Worte, Farben, Wege, schöne Ziele, alles ist innen so vollkommen angelegt. Man muss nur richtig auf die Stimme im Bauch achtgeben und dann braucht es niemanden mehr, der außen richtet, bestimmt und weist! Alles ist so einfach! Und wenn du erstmal fliegen kannst, sind Gedanken- und Tatenrichter so, wie das schmerzhafte Stutzen deiner Flügel. Und wenn du erstmal fliegen kannst, magst du selbst kein Richter sein." Der kleine, blaue Vogel flatterte aufgeregt. Es war ihm wichtig, von seiner Welt etwas mitzuteilen.

Der freundliche Mensch lächelte: „Ich hätte gar nicht gedacht, dass du so ein Philosoph bist! Übrigens, es regnet heute Morgen. Da bleibst du besser hier zu Hause!"

Nachmittags ließ der Regen nach und als der freundliche Mensch das Fenster öffnete, um hinauszusehen, hielt nichts mehr das Vöglein länger im Zimmer und es flog ins Freie. Ein blauer Ball und ein roter Würfel begleiteten es im Geiste. Das Vöglein fand das sehr lustig.

Diesmal flog es besonders hoch und nicht gleich zur alten Eiche. Die Luft war noch feucht vom Regen, der Wind frisch, aber die Sonne wärmte schon. Das kleine Vöglein spürte ein ganz feines Kribbeln im Bauch, das bis zu den Flügelspitzen floss. Es wusste: das war der wunderbare Strom der Liebe in dieser Welt. Und auf diesem segelte es hoch oben, nah am Himmel … und sein kleiner Körper schien sich aufzulösen. So stark war das Gefühl von Freisein, Schönheit, Kraft und Liebe. Jetzt gab es keine Zeit und keine Grenzen, keine Fragen und kein Ziel. Nichts war wichtig und alles vollkommen.

Und als das Vöglein mit dem Himmel verschmolz zu einem Hauch Ewigkeit, strömte aus seinem Bauch ein feines Licht, das all seine Freunde umarmte und ihnen in diesem Moment Mut und Hoffnung schenkte, gerade dann, wenn ihnen selbst das Fliegen schwerfiel.

An diesem Abend kam der kleine Vogel recht früh zum freundlichen Menschen zurück, einen Zweig mit wunderschönem Blatt als Geschenk im Schnabel. So konnte er dem Menschen etwas von dem lichtvollen Gefühl vermitteln.

Das Vöglein wurde bereits erwartet: „Ah, ein Zweig mit Blatt! Du bist heute sehr pünktlich, wie vernünftig von dir! Warst du wieder bei den seltsamen Freunden in der alten Eiche?", empfing ihn der freundliche Mensch. „Ich weiß gar nicht, ob sie dir so guttun! Du siehst sehr müde aus! Ich glaube, ich werde dich hier in den nächsten Tagen mal ordentlich pflegen. Ich habe dich schließlich recht gern und will, dass es dir gut geht! Vielleicht solltest du ab jetzt lieber in meiner Obhut hier zu Hause bleiben. Dann sehe ich auch immer, ob alles in Ordnung ist. Ich weiß nämlich, was für dich gut und richtig ist und werde alles tun, damit du dich wohlfühlst. Und du kannst mich unterhalten und mein Leben netter gestalten!"

Das Vöglein wollte denken: „Wie lieb und nett dieser freundliche Mensch ist." Aber dazu war ihm im Moment viel zu übel und so wunderte er sich nur über seine Reaktion, kletterte in seinen goldenen Käfig und wollte plötzlich nur noch schlafen.

„Schau, wie schwach du bist!", sagte der freundliche Mensch. „Jetzt schlaf dich erstmal aus und morgen schauen wir weiter!"

In dieser Nacht hatte der kleine, blaue Vogel einen besonderen Traum:

Er sieht sich auf einer großen Wiese landen. Und mit einem Male sind da um ihn herum lauter kleine Wesen mit grauen Hosen, grauen Jäckchen und erwartungsvollen Augen. Sie alle scheinen schon auf ihn gewartet zu haben. Denn kaum, dass er sie entdeckt hat, kommen sie auf ihn zugesprungen, begrüßen ihn freundlich und beginnen, ihn von allen Seiten zu betrachten. „Du hast wunderschöne hell- und dunkelblaue Federn!", sagt einer von ihnen, „Kannst du mir eine Feder schenken?"

Der kleine Vogel träumt, wie er sich freut, diesen Wesen zu gefallen, und sich einfach eine Feder ausrupft. Oh, es tut weh! Aber er ist glücklich, etwas von sich schenken zu können.

Das Wesen greift nach der Feder, schaut sie an und verschlingt sie. Der kleine Vogel sieht sich erstaunt blicken. Schon fährt ihm ein anderes dieser Wesen mit der Hand durch das Gefieder: „Wie glänzend und weich dein Kleid ist, schenkst du mir eine Feder?", fragt es. Er zögert ein wenig und rupft sich dann erneut eine aus. Oh, es tut wieder weh! Aber er will ein guter Vogel sein und andere Wesen glücklich machen.

Nach und nach kommen immer mehr kleine, graue Wesen nah heran, sagen ihm etwas Freundliches und bitten um eine Feder. Der kleine Vogel sieht sich seine Federchen herausreißend und an die Wesen abgebend. Die schauen sie an und verschlingen sie dann gierig. Ihm ist gar nicht mehr wohl und er spürt, wie er schwach und traurig wird, friert und sich hässlich und kahl fühlt. Bald hat er kaum noch Federn und müde kauert er auf der Wiese. Jetzt, da er nichts mehr zu geben hat, lösen sich die kleinen, grauen Wesen einfach auf. So vergeht eine kurze Zeit, doch dieser Augenblick wird dem kleinen, schwachen Vogel zur Ewigkeit.

Doch plötzlich legt sich ein warmes, sanftes Licht über die ganze Wiese. Eine Musik, wie das Plätschern eines klaren Baches erklingt, ein zarter Windhauch streichelt den geschundenen Körper des kleinen Vogels. Und jetzt kann er das Licht, die Musik und den leisen Wind auch tief in sich aufnehmen. Es macht ihn ganz ruhig, tröstet und wärmt ihn. Als er sein Köpfchen ein wenig hochnimmt, kniet neben ihm eine Fee und berührt ihn sanft mit zarten, liebevollen Händen.

„Ich sehe deine Not und Verzweiflung!", sagt sie mitfühlend. „Deine Seele will gut sein und meint, deshalb sei sie verpflichtet immer zu geben. Alle sollen glücklich sein in diesem Licht. Etwas anzunehmen oder gar, nicht zu geben, bedeutet für dich, schuldig zu werden. So  hast du die Kraft deines Wesens total überfordert. Denn da ist etwas ganz Wichtiges, was deine Seele dir jetzt mitteilen möchte. Du kannst es nur noch nicht hören: In dir ist der mächtige Wunsch, geliebt und geachtet zu werden, aber du hast niemals wirklich Grenzen gesetzt. Bei deinesgleichen ist das kein Problem. Aber nun bist du ein Geber und ziehst somit die an, die gerne nehmen. Sie prüfen, wie weit dein Geben geht und würden freiwillig selten Grenzen einhalten, dafür sind sie viel zu gierig.

Im Moment sehe ich deine Hilflosigkeit und fühle deine Trauer. In deinem Inneren weint ein Kind ein Meer voller Tränen mit der Verzweiflung eines Wesens, das so sehr danach sucht, geachtet zu werden. Lass deine Tränen dich umhüllen, denn sie wärmen deine Seele!"

Der kleine Vogel sieht, wie sich mehr und mehr Tränen aus den Augen lösen. Bis sich ein Strom nicht mehr aufzuhaltender Gefühle auf der Wiese um mich herum ergießt. Mit den Tränen rollt die Angst, von anderen verletzt zu werden, wenn sie mir zu nahekommen, aus mir heraus. Die Not, schuldig zu sein, wenn ich meine Grenzen setze, Widerstand leiste, bahnt sich ihren Weg. Eine Flut unbewältigter Befürchtungen, wenn ich meine Flügel frei zum Fluge ausbreite, bricht sich ihre Bahn.

Und irgendwann hat sich der Körper völlig ausgeweint. Der kleine Vogel sieht sich in seinem Seelentraum auf der Wiese einschlafen. Die Fee ruht, ihn in Liebe betrachtend, an seiner Seite! Ein friedliches Bild der Wärme und Geborgenheit, gefüllt mit ewigem Lächeln.

Die Zeit ruht für eine Weile …

Doch dann sieht der kleine Vogel in seinem Traum, wie die Fee ihre Hände zum Himmel hebt. Und plötzlich verwandeln sich die Seelentränen, die das schlafende Körperchen umhüllen, in wunderschöne, glänzende, kleine, runde Steine. Sie betten den kleinen Kerl in goldenes Licht unendlicher Schönheit und frei strömender Kraft. Und nun beobachtet er, wie ihm ganz viele neue Federn wachsen. Sein Federkleid wird viel prächtiger als je zuvor. Das Vöglein sieht sich erwachen. Die Fee streicht leicht über sein Gefieder und da ist wieder dieses warme, strömende Gefühl im Bauch, wie beim freien Flug hoch über den Wolken.

„Ich habe, während du schliefst, mit dem Himmel gesprochen!", sagt sie leise, „und habe eine gute Antwort bekommen. Tief in dir ist das totale Glück zu Hause! Denn du kannst Liebe im Bauch spüren und hast den begnadeten Wunsch, dieses Licht weiterzugeben und mit anderen zu teilen. Aber deine Persönlichkeit möchte auch Liebe geschenkt bekommen. Für dich haben Harmonie und Leben ohne sperrige Widerstände einen hohen Wert. So warst du bereit, dafür einen nicht ganz richtigen Weg zu gehen: den Weg eines JA-Sagers, ähnlich einem Opfer. Nur bei Wesen, die so sind wie du, hast du dich ganz frei gefühlt. So hast du den anderen niemals genaue Grenzen gesetzt. Aus Angst, dann nicht gemocht zu werden. Aus Angst zu verletzen, denn du wolltest selbst nur Liebe senden. Aus Angst vor Konflikten … und deine Persönlichkeit wurde kleiner und immer hilfloser. All deine Federn hast du dir ausgerupft für die Federfresser dieser Welt. Dein Wesenswächter, die Seele, hat dabei sehr gelitten.

Deine Seele will doch, dass du wächst. So bittet sie dich unter Schmerzen, dir nicht länger selbst weh zutun. Denn du bist, um glücklich zu sein! Dein Seelenschmerz ist ein Signal des Himmels. Wenn du es verstehst, ist dies die wunderbare Chance, dein Verhalten zu ändern und dein Wesen zu heilen.

Du bist sehr wertvoll. Lerne, dich selbst lieb zu haben. Höre hinein in die Wünsche deiner Persönlichkeit, setze Grenzen und gib nur aus Liebe. Habe keine Angst vor Reaktionen anderer Wesen und lasse dich nicht länger zum Opfer machen. Bedenke, dass die Täter irgendwann ihre eigenen Opfer sind. Denn sie brauchen Aushaltende zur Bestätigung ihres Wertes. Gibt es keine Opfer mehr, sind sie machtlos. Doch du bist frei, denn du brauchst niemanden, der von dir bestimmt wird, nur um dich groß zu fühlen. Du kannst mit dir alleine glücklich sein, glücklich im Fluge über den Wolken, glücklich im Wechsel von Tagen und Jahreszeiten und glücklich, weil du Liebe spüren kannst, spüren und geben.

Mit der Liebe hast du den Sinn dieser Welt in dir. Federfresser können nach deiner Persönlichkeit greifen, aber niemals dein Wesen und die Liebe in dir zerstören! Sie ist ein ewiges Licht, ein leuchtender Ball des Himmels, der von deinem Bauch aus deinen ganzen Körper durchstrahlt. Du wirst lernen, dass dieses Licht nie ausgeht, selbst wenn du es nicht mehr zu fühlen scheinst. Es ist immer in dir. Und bald, wenn Federfresser deine Federn wollen, wirst du dir immer mal wieder welche ausreißen und sie verschenken. Aber jetzt wächst mit jeder abgegebenen Feder eine noch viel schönere, neue nach. So wird dein Kleid durchs Geben ständig strahlender. Du weißt um dein Licht und in dir wächst die heitere Gelassenheit eines sicheren Kindes. Denn man kann dir nichts nehmen, du gibst freiwillig oder du grenzt dich ab und sagst NEIN. Denn du bist frei zu entscheiden, und das schafft eine Resonanz mit immer mehr Respekt von außen.

Dieses Licht im Bauch leuchtet den richtigen Weg aus. Ihn zu gehen heißt, innen und außen stimmig zu sein, frei von Schuld, befreit davon, Funktionsorgan für andere zu sein, frei! Du bist gut und deshalb tust du gut! Ein sicheres Gefühl wird zuverlässiger Wegbegleiter, heiter und gelassen gehst du dann durch deine Zeit: geben, verstehen, sich abgrenzen, Fehler machen, sich verzeihen, die Fehler der anderen sehen und verstehen, sich ausbreiten, seinesgleichen suchen und seine Flamme nie wieder in den Orkan eines ‚Gerne-Mächtigen' stellen!

Dein Bauch ist auch dein Kopf, denn du kannst denken, was du fühlst, verstehen mit deinem Herzen! Diese Liebe handelt oft, ohne zu tun, sie ist!

Verstehst du nun, warum das totale Glück tief in dir zu Hause ist? In den Federfressern ist es nicht anders, nur halten sie sich ängstlich am Außen fest. Wie wollen sie da nach innen schauen?!" Mit diesen Worten enden die leisen, wärmenden Botschaften der Fee.

Ein wunderbarer Traum! Der kleine, blaue Vogel schlief danach selig, bis die Nacht vorbei war. Als er am nächsten Morgen erwachte, war es bereits hell im Zimmer und die Käfigtür stand offen. Der kleine Vogel wusste, dass dieser Morgen der letzte in dem Käfig ist. Und als der freundliche Mensch an den Käfig herantrat, staunte er: „Du siehst so gut erholt aus! Dein Gefieder glänzt so seltsam, und wenn ich's nicht besser wüsste, würde ich denken, du seiest gewachsen, aber …" Weiter kam er nicht, denn der kleine, blaue Vogel hüpfte aus dem Käfig, dem freundlichen Menschen auf die Schulter. Er streichelte ihm mit dem Flügel die Wange und rief: „Und wie ich gewachsen bin … aber dafür wurde ich zuerst kleiner und immer kleiner. Alles passierte von außen nach innen. Oh, es war wie … sich auflösen, wie sterben, es tat so weh! Aber dann geschah etwas Wunderbares. Ich spürte eine neue unbegrenzte Kraft tief in dem Rest meines Seins, und alles passierte von innen nach außen, und ich wuchs und wuchs und wuchs … und alles in diesem Zaubertraum heute Nacht."

Mit diesen Worten flog der kleine Vogel zum geöffneten Fenster. Im Rahmen sitzend rief er: „Ich fliege nun zu meinen Freunden, sie wollen diese Freude mit mir teilen. Und dann suche ich einen besonders schönen Stein und bringe ihn dir! Wenn du den in der kommenden Nacht unter dein Kopfkissen legst, erlebst du vielleicht auch deinen Zaubertraum. Und morgen bist dann auch du gewachsen!"

Glücklich flatterte das Vöglein hinaus.

Am Abend kam es mit einem wunderschönen Stein im Schnabel zum Haus zurück. Es legte ihn mit einem Kribbeln im Bauch auf die Fensterbank. Als der freundliche Mensch ans geöffnete Fenster trat, rief es ihm fröhlich zu: „Schau, dein Stein! Halte ihn bei dir heute Nacht! Hab auch du deinen Zaubertraum. Ich schlafe ab heute im Baum vor deinem Haus, den Käfig brauchst du nicht mehr! Wir beide werden vielleicht bald das erste Mal wirklich miteinander reden können. Ich freue mich schon darauf!"

Und mit diesen Worten flog das Vöglein leichten Herzens in den Baum vor dem Haus.

Der freundliche Mensch schaute verständnislos hinterher. Noch verstand er nicht …

Heute noch nicht.

Noch einmal unser Bergsee

Bevor sich unsere gemeinsame Zeit dem Ende zuneigt, lasst uns noch einmal an den Bergsee zurückkehren. Betrachten wir ihn jetzt. Ist er noch der gleiche wie zu Beginn, als wir ihn kennengelernt haben? Da haben wir gehört, was den Kristallen und Edelsteinen in unserem Bergsee, den schönen Talenten und Anteilen unseres Wesens, oft geschieht. Wie es dazu kommt, dass im Lauf der Kindheit Wichtiges in uns verdeckt, verschüttet und verbannt wird. Wir haben aber auch erfahren, dass nichts endgültig ist, dass wir uns damit nicht zeitlebens abfinden müssen.

Was zu uns kam durch unser Lebensumfeld, das sind nicht wir. Es kann uns sehr beeinträchtigen, den Kern unseres Seins erreicht es aber nicht. Alles das, was, in welcher Form auch immer, zu uns gekommen ist, können wir verwandeln und wieder abgeben. Nur wir können verändern, was uns hat leiden lassen.

Wir haben viele Umsetzungsmöglichkeiten für eine Veränderung unserer Persönlichkeit betrachtet. Achtung, uns selbst gegenüber und für andere, wird uns immer selbstverständlicher werden.

Liebe, das Wesentliche im Leben, hat in diesem Buch viele Gesichter und Formen gezeigt. Wer wirklich lieben kann, wird der tief im Inneren ruhenden Wahrheit immer näher kommen. Konsequentes Arbeiten zur Entwicklung einer gereiften Persönlichkeit ist der sichere Weg, um Zugang zu diesen innersten Wahrheiten zu finden. Wir reflektieren Ursache und daraus resultierende Auswirkung. Unbewusstes wird bewusst, Verschüttetes und verloren geglaubte meldet sich in unserem Denken. Wir kommen in Bewegung. Das ist meist sehr schmerzhaft, wachstumsschmerzhaft, aber genau der Weg, der das Ziel bedeutet.

Unser Bergsee, der Spiegel unseres Inneren, heute, jetzt. Was ist anders geworden?

Eine kleine Meditation dazu

Schließe deine Augen und stelle dir einen herrlich klaren See vor. Du kannst bis auf seinen Grund schauen. Du weißt, wie tief der See ist aber du erkennst die vielen Kristalle und Edelsteine, die seinen Grund bedecken. Sie schimmern und strahlen in vielen Farben aus dem See heraus. Alle diese wunderschönen Kristalle sind deine Fähigkeiten, deine Talente und deine schönen Persönlichkeitsanteile. Sie leuchten tief in deiner Mitte, und je mehr du dir dieser Kristalle in dir bewusst wirst, umso größer und stärker werden sie.

Verinnerliche, dass es dein Seelensee ist, dein Bildergleichnis des tiefsten Inneren in dir. Lass in deiner Vision Bäume um deinen See wachsen, Bäume mit kräftigen Stämmen, tiefem Wurzelwerk und einer stattlichen, grünen Krone. Lass Blumen um deinen Seelensee gedeihen, in allen Farben und vielen Formen. Schenk deinem inneren Bild Schmetterlinge, Vögel und Sonne auf deinem Weg rund um den See. Lass ein buntes, lebendiges Bild entstehen und sei gewiss: es steht dir zu. Du hast es dir verdient, du hast dich befreit. Der herrlich klare See, die Pflanzen ringsherum, die Vögel und Schmetterlinge, alles gehört zu dir. Und über allem scheint die Sonne liebevoll auf deine Welt. Eine große Geborgenheit liegt über allem, in deiner inneren Welt bist du ganz sicher. Niemals mehr werden dich falsche Programme leiden lassen, alles ist gut.

Wenn du magst, umgib deinen See und die Bäume und Pflanzen, die Vögel und dich in der Vorstellung mit einer sicheren grünen Hecke, die nur durchlässt, was lichtvoll und ganz in deinem Sinne ist. Du wirst beschützt.

Genieße diese Vorstellung und kehre im Alltag, wenn es möglich ist, immer mal wieder zu deinem Seelenbild zurück. Es wird auf Dauer auch seinen Beitrag zur Bildung des neuen Programms in dir leisten … nur diesmal mit positiven Auswirkungen.

Es ist niemals zu früh, um sich zu verändern, sich frei zu machen und zu wachsen. Und es ist niemals zu spät, um damit zu beginnen.

Egal, was uns Außen belastet, dieser Prozess findet innen statt.

Vielleicht dauert es noch eine Weile, bis unser Bergsee komplett gereinigt ist. Das ist ganz in Ordnung. Was lange unerkannt gelebt wurde, kann nicht in ein paar Wochen verwandelt werden. Aber je mehr wir wachsen, je liebender, stärker und weiser wir werden, desto schöner wird unser Seelengarten erblühen. Bald bietet er uns ein prachtvolles Gesamtbild.

Alles das, was wir begreifen und beginnen, ins Leben zu integrieren, lässt unseren Garten bunter werden und damit mehr und mehr zu einem wunderbaren Kunstwerk. Das Werk einer wahren Lebenskunst.

Zwischendurch –
Texte zum darüber nachdenken IV

Das Sonnenkind

Sonnentag hört sich vielleicht an wie Glücklichsein pur. So mancher wird dabei denken: „bei mir ist gerade viel zu viel los, als dass ich glücklich sein könnte". Genau darum geht es uns beim Sonnentag.

Wir können lernen, mit unserem Schicksal, mit allem, was unser Leben ausmacht, leichter umzugehen. Dabei geht es nicht darum, zum Beispiel Trauer zu verdrängen oder schwierige Zeiten zu ignorieren. So werden wir ganz sicher nicht glücklicher. Aber wenn wir es schaffen, unser Leben mit allen seinen Facetten mehr und mehr zu akzeptieren und aus dieser Akzeptanz Stärke bilden, um in Bewegung zu kommen, dann haben wir die Chance, besser zu leben. Unsere Sichtweise auf das Leben kann, so wie wir denken, entweder Mut machen, trösten und stärken oder aber beängstigen, frustrieren und aufgeben lassen. Es ist sicherlich nicht einfach, in schwierigen Zeiten einen Sonnengedanken herbeizuzaubern. Wir sollten in leichteren Zeiten üben. Es gibt gute Aussagen, die zu verinnerlichen Kraft schenken:

Auch das geht vorbei. Es geht immer weiter.

Egal, wie schwierig es sich anfühlt, ich gebe nicht auf. Ich akzeptiere, suche nach Lösungen, anstatt Probleme zu leben.

Ich akzeptiere, was ich nicht ändern kann, dann wird der Weg zur Veränderung leichter.

Alles macht Sinn, ich lerne aus meinem Leiden.

Ich nehme gute Momente bewusst und dankbar wahr.

Ich übe, „Aber-rababa" zu entlarven und gegen Optimisten-Mut zu tauschen.

Ist ein geliebter Mensch in die Geistige Welt gegangen, trauern wir um ihn und vermissen ihn. Was dann vielleicht ein wenig zu trösten vermag: niemand geht verloren, Menschen gehen nur voraus! Wir werden sie, wenn auch in fernen Zeiten, drüben wiedersehen.

Eine kleine Geschichte zum Sonnentag

Es war einmal ein Sonnenkind. Nicht, dass es dieses Wesen immer sonnig leicht hatte. Die Sonne schien in seinem Herzen. Dieses Sonnenkind wohnte im Wald in einer Höhle, die ein brauner Bär, der weitergezogen war, verlassen hatte.

Eines Tages gelangte das Sonnenkind bei seiner täglichen Wanderschaft in eine für es bis dahin unbekannte Stadt. Sofort bemerkte das Sonnenkind, dass hier sonderbare Menschen zu wohnen schienen.

Alle besaßen große, wunderschöne Häuser. Doch waren sie damit anscheinend gar nicht glücklich. Sie mussten ihre Häuser immer und immer wieder umbauen. Überall in der Stadt wurden Türen erneuert, Wände eingerissen oder Fenster herausgebrochen.

Das Sonnenkind sah, wie unzufrieden diese Menschen waren. Egal, wie sie ihre Häuser umbauten, nie war es gut genug. Die armen Menschen! So war die Stadt nicht schön anzusehen, überall Bauschutt aus alten und neuen Hausteilen.

Dem Sonnenkind kam eine großartige Idee. Allein der Gedanke ließ es Freude empfinden. Es fragte einen Menschen, der gerade ein Fenster in seinen Vorgarten schmiss, ob es das Fenster haben dürfe. Der Mensch schaute erstaunt und bejahte. Dann fragte das Sonnenkind einen anderen Menschen, ob es die Steine seiner her-ausgerissenen Mauer haben könne. Wieder staunte dieser Mensch und überließ seine Steine.

So wanderte das Sonnenkind durch die ganze Stadt, bekam hier eine Tür und dort weitere Steine für eine Wand, auch Ziegel für ein Dach.

Es merkte sich, wo das geschenkte Material lag und wanderte erst einmal zurück in seinen Wald. Hier rief es seine Freunde, die Wichtel, Elfen und Zwerge, zusammen. Es erzählte von seinem Plan. Alle waren begeistert und versprachen zu helfen.

So kam es, dass das Sonnenkind mit vielen, für die Menschen unsichtbaren, Helfern in diese Stadt wanderte. Die Menschen wunderten sich, was dieses seltsame Wesen wegtragen konnte und schüttelten verständnislos die Köpfe ob des vermeintlichen Unsinns, den sie darin sahen.

Das Sonnenkind und seine unsichtbaren Freunde gingen Tag für Tag, Woche für Woche und für viele Monate in diese Stadt. Und während das Bild in der Stadt das immer gleiche aus halbfertigen und halb kaputten Häusern mit unzufriedenen Besitzern blieb, wuchs im Wald ein buntes, ulkiges, aber auf besondere Art wunderschönes Haus. Gebaut mit unendlicher Geduld und viel Liebe und Dankbarkeit. Und während in der Stadt die Menschen griesgrämig, gierig eifernd nie fertig wurden mit ihrem Hausbau, unzufrieden, weil es nie gut genug wurde, feierte das Sonnenkind im Wald mit Elfen, Wichteln und Zwergen und viel Nektar die Einweihung des tollsten Hauses der Welt.

Wecke das Sonnenkind in dir!

Du kannst dich satt essen? Es regnet dir nicht in das Bett? Vielleicht kannst du sogar sehen, hören und dich frei bewegen? Alles das ist nicht selbstverständlich. Schau bewusst auf das Gute, das dein Leben ausmacht und nicht so sehr auf das, was dir fehlt.

Unser Sonnenkind ist in Bilderworten die Übersetzung eines lebenstüchtigen, zufriedenen Menschen. Es ist eine Persönlichkeit mit offenem Herzen, voller Kreativität und Liebe zum Leben.Frei von dem, was ein Ego fordert, wenn es zuviel Raum im Menschen hat.

Die „Häuser" solcher, schwer Ego, Betroffenen können niemals fertig-
gestellt werden und niemals zu einem harmonischen Abschluss finden.

So überträgt das Sonnenkind Leichtigkeit und ein gutes Gefühl für ..

Es ist doch alles gut, so wie es ist!

**Warte nicht, bis dir etwas verloren geht, um es dann als besonders
zu vermissen!**

Lass das Sonnenkind in dir erwachen, es ist die schöne Blüte dankba-
ren Lebens.

... was ich zum Schluss noch sagen und erzählen wollte

Gedanken, die, kapitelfrei, ihren eigenen Wert haben.

Das Leben ist wie ein Bumerang. Deshalb sind Aggression, Hass, Gier und Verachtung so gefährlich.

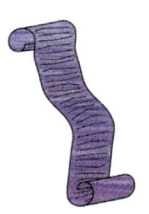

Er war ein sehr wohlhabender Geschäftsmann, als er im Alter von 67 Jahren plötzlich starb. So musste er seine Villa, seine großen Autos, das viele Geld, Frau und Kinder und selbst seine junge Geliebte zurücklassen. In der prächtigen Empfangshalle des Himmels angekommen, begrüßte ihn der alte Petrus freundlich und wies dem Geschäftsmann einen der vielen hier aufgestellten Holzstühle zu. Der Mann setzte sich, etwas müde von der Reise. Dann schaute er sich um. Es gab viele, die auf Holzstühlen saßen, aber auch Menschen auf edlen Sitzpolstern oder gar einem Thron ähnlichen Möbel. Der Geschäftsmann war empört, erklärte ihm dieser Petrus doch tatsächlich, dass auf einem Thron nur die ganz Reichen Platz nehmen dürften.

HALLO? Der alte Mann kannte ihn wohl nicht, er war doch ganz reich! So protestierte der Geschäftsmann aufs Schärfste. In der Erwartung, wie von der Erde gewohnt, sein Recht durchzusetzen. Doch Petrus lachte nur: „Mein Freund, du warst wohlhabend, aber nicht wirklich reich. Der wahrhaftig Reiche trägt sein Gold im Herzen und nicht nur zur Bank."

Wie niedlich ist das kleine Lamm auf der Weide neben seinem Mutterschaf anzusehen. Das junge Kalb, noch etwas wackelig auf seinen Beinchen, am liebsten ganz nah bei der Mutter-Kuh, ein schönes Bild.

Kalb(s) – Leberwurst?? Lammrücken??

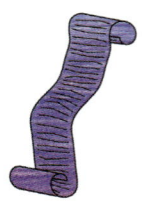

Wer ist Mutter Erde?

Eine Komposition aus Bergen, Flüssen, Meeren, Wäldern, Wiesen, Pflanzen, tausendfach immer anders. Steine, Sand und Erde, unterschiedlichste Tiere, Gezeiten, Wetter, Sein im Wechsel von Tag und Nacht, von Sonne, Mond und Sternen.

Und jetzt wir, die Menschen. Wie oft haben wir Mutter Erde schon gedankt für die Vielfalt der Natur? Wie oft haben wir verzaubert vor einem Schmetterling gestanden? Wie oft schon den Wald oder an Blumen gerochen? Sind wir uns gewahr, dass Mutter Erde uns nicht braucht? Im Gegenteil! Es ginge ihr besser ohne uns. Wir aber brauchen sie! Wie gehen wir um mit unserer Erde, mit Pflanzen, der Natur und nicht zuletzt mit den Tieren dieser Welt?

Wenn wir Menschen es schaffen, uns als Gemeinschaft im Netzwerk aus allen Wesenheiten zu begreifen, werden wir mit klarem Bewusstsein eine wunderbare, liebevolle Welt gestalten.

Das bedeutet, dass wir achtsam und verantwortungsvoll mit dem umgehen, was uns Mutter Erde schenkt. Umweltschutz, biologische, saubere Nahrung, ohne Gifteinsatz auf unseren Feldern, soziales Miteinander und Tierschutz sind dabei wichtige Themen. Dazu habe ich ein persönliches, prägendes Erlebnis.

Vor mehr als zwanzig Jahren stand ich eines Morgens an einer roten Ampel, als neben mir auf der Nachbarspur ein Schweinetransporter anhielt, voll beladen, auf dem Weg zum Schlachthof. Durch mein geöffnetes Seitenfenster drang scharfer Geruch aus Stress, Angst und Urin herüber. Durch die schmalen Ritzen des Transporters drängten sich kleine Schnäuzchen und total verängstigte Augenpaare schauten nach draußen. Was gab mir das Recht, dass diese beseelten Wesen für mich umgebracht wurden?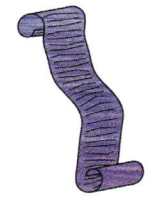

Von diesem Tag an aß ich nie wieder Tiere!

„Die Größe und den moralischen Fortschritt einer Nation kann man daran messen, wie sie die Tiere behandeln!"

(MAHATMA GANDHI)

Jedes Tier hat Gefühle. Wir sollten es nicht mehr für unser hungriges Ego zum Mast-Tier wider Willen machen. Weniger Tiere zu essen kommt uns allen aus verschiedenen Aspekten zugute. Die Anbauflächen für das in der Mast notwendige Tierfutter sind riesig. Wären alle Menschen viel bewusster in ihrem Fleischkonsum, müsste es keinen Hunger mehr geben. Weltweit würden große Anbauflächen für die Ernährung der Bevölkerung frei. Das Klima würde wesentlich geschont und Tiere müssten nicht mehr unnötig leiden.

Manche Menschen jammern, anstatt in guten Zeiten dankbar zu sein. Wird es dann tatsächlich mal schwieriger, schauen sie voller Sehnsucht zurück.

Geben wir unseren Chancen mehr Leben, dann wird unser Leben viel mehr Chancen haben.

Wenn ich einer Provokation ohne jedes Interesse gegenüberstehe, geht der Pfeil ins Leere.

Güte und Mitgefühl, Dankbarkeit und Lebensmut sind weitaus zuverlässigere Anti-Aging-Mittel als jedes Facelifting.

Liebe deine Kinder, nicht, weil sie Doktor werden, sondern, weil sie deine Kinder sind.

Wir stellen uns einmal vor, Mutter Erde würde reden. Was sagte sie?

„Ich heiße euch herzlich willkommen in meiner wunderschönen Herberge. Ich, die Herbergsmutter, bedanke mich bei allen Erdengästen, die pfleglich mit der Herberge umzugehen wissen. Bitte schätzt und achtet, was ich euch zum Geschenk für einen schönen Aufenthalt mache.

Das Wunder meiner Natur hält für euch alles bereit, was ihr hier zum Leben und Überleben braucht. Für ein glückliches Herz lasse ich die kunstvollsten Blumenbilder, für euren Lebensatem die mächtigsten

Bäume und zum Abrunden meiner Komposition zur Vollkommenheit die Tiere entstehen.

Jene unter euch Menschen, die in gutem Kontakt mit mir stehen, sind mir eine große Hilfe. Ihr zeigt viel Einsatz und auch Mut, wenn es um den Schutz und die so wesentliche Gesunderhaltung eurer Mutter Erde geht. Ihr Menschen habt nur diese eine Herberge.

So muss ich mich leider auch an die unter euch wenden, die rücksichtslosen Vandalismus in der Herberge betreiben. Sie experimentieren mit Atomen, verschmutzen meine Meere, zerstören die Wälder und vergiften fruchtbare Böden. Diese unter euch verhalten sich, als könnten sie morgen eine neue Welt besetzen. Das erzürnt mich sehr. Ihr Menschen habt nur diese eine Herberge.

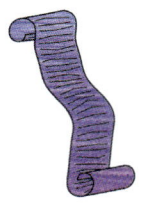

Deshalb danke ich von Herzen denen, die das in Liebe zu mir begreifen. Ich weiß, es wird immer mehr wie euch geben, damit ich leben und überleben kann und nur dann auch ihr das könnt. So lasst uns gemeinsam Zukunft bilden."

Wenn wir alle Aufgaben und Probleme, die noch kommen könnten, wie ein Magnet in diesen Moment ziehen, stülpen wir Zukunft über die Gegenwart, sodass sie erstarrt.

Der Optimist übt sich in Lebenskunst. Der Realist übt das Leben. Der Pessimist übt gar nichts.

Möchtest du Gott begegnen, dann kaufe beim nächsten Shoppen in der Stadt beim Bäcker ein Rosinenbrötchen und frischen Kakao und frage den Bettler, der dort in der Nähe hockt, ob du ihm beides geben darfst.

Wenn du denkst: „Das kann ich von meinen Kindern erwarten.", dann ist eure Kommunikation ziemlich gestört.

Weise ist leise!

Wenn ich über Glaubensrichtungen der Menschen nachdenke, über das, was Menschen für den wahren Sinn des Lebens halten, dann entsteht vor meinem inneren Auge eine riesige Pyramide. An allen Seiten ihres Fußes tummeln sich ungeheure Menschenmengen. Die, welche sich dort unten aufhalten, glauben an Feinde, an Kriege, leben Zerstörung innen und außen. Sie sind sich sicher, dass nur ihre Ausrichtung, ihr Denken, ihr Glaube das einzig Wahre ist. Am Fuße einer Pyramide wird man immer nur einen ganz kleinen Ausschnitt des Ganzen sehen können, mit egobegrenztem Horizont. Schaut man an dieser riesigen Pyramide hinauf, dann sieht man Menschen hochklettern. Sie bemühen sich, sie gehen keinen leichten Weg, sie schauen nach unten und sehen, wie schlimm es dort ist. Das klärt ihren Geist, sie werden bewusster und lernen, anders zu denken.

Umso höher diese Menschen steigen, desto rücken sie aneinander. Unten, am Fuße der Pyramide, lebt ein Chaos aus Unterschiedlichkeiten. Widerstände und Feindbilder, große Ängste und Starrheit finden hier viel Raum. Das ist die Lebenswahrheit dieser unbewussten Menschen.

Viel weiter oben an der Pyramide wird es gleicher, hier sind alle viel näher im Geiste und Fühlen beieinander und viel friedlicher übereinstimmend. Umso höher wir steigen, desto ähnlicher werden wir uns und desto gleicher sind die Ideologien, die gelebt werden. Es wird friedvoller und erkenntnisreicher. Das Bewusstsein ist durch den Aufstieg geklärt, die Seele gereift.

Wer nah an der Pyramidenspitze angekommen ist, wird einer großartigen Gleichheit der Lebensweisheiten gewahr. Egal, von welcher Seite man aufgestiegen ist, welchen Weg man wählte, oben, an der Spitze, stimmen wir alle friedlich überein.

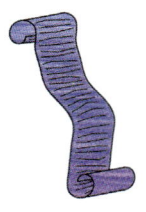

Es kann gut sein, dass du schneller zu Licht und Liebe findest, wenn du andachtsvoll eine liebende Mutter mit ihrem Kind beobachtest oder in Ehrfurcht vor einem Blumenfeld stehst, als wenn du viele schlaue Seminare besucht hast.

Mache dich selbst zu einem großartigen Menschen, indem du fünf Weisheiten immer wieder achtsam übst:

Die Dankbarkeit, mit der du deinem Leben begegnest

Das Mitgefühl mit allen Wesen dieser Welt

Die freundliche Kommunikation, mit der du dich bemühst, niemanden zu verletzen

Die Bereitschaft da zu sein, wenn du wirklich gebraucht wirst

Die Freude und Neugier eines Kindes, mit denen es lachend ins Leben schaut

BYE

BYE

Macht's gut, liebe Leserin, lieber Leser

Unsere gemeinsame Zeit geht hier zu Ende. Ich hoffe, unser Buch hat dich berührt und gestärkt und für dein ganz persönliches Leben weitergebracht. Vielleicht denkst du immer wieder mal an Anna. Wie sie langsam aber sicher zu sich fand. Oder an Felix mit seinem Verhaltensplan. Vielleicht lässt du auch in passenden Situationen ab heute den Detektiv in eigener Sache aktiv sein. Bringst störende Vergangenheit zum Brückentorhaus-Hüter.

Unser Körper ist der Tempel unserer Seele. Nahrung auf wertvolle Inhalte und Reinheit hin zu betrachten ist wichtig für gute oder bessere Gesundheit. Die Königin, der König in dir ist es wert, seinen Geist und seinen Körper lichtvoll zu ernähren. Das kann eine gute Lebensregel werden.

Reinige deinen inneren Bergsee in Liebe zu dir weiter. Auf dass du in guter Zeit zu einem starken, authentischen Menschen reifst. Auch ich mache da weiterhin mit. Es gibt immer etwas zu verfeinern, zu lösen, zu verbessern. Und ich weiß aus eigener Erfahrung, wie wichtig es ist, etwas konkret für die Entwicklung seiner Persönlichkeit zu tun. Es ist wichtig und es lohnt sich!

Wir werden mit wachsendem Bewusstsein immer dankbarer erkennen, wie gut es ist, losgegangen zu sein. Unsere Erde steigt auf. Es wird hier langsam freundlicher und sozialer werden. Der neue Zeitgeist geht dem Licht entgegen. Und ich weiß, dass du bereit und in der Lage bist mitzugehen!

Danke, dass ich dich eine Weile begleiten durfte. Ich wünsche Dir einen Weg, der immer leichter, überschaubarer hin zu einem erfüllten Leben führt!

BYE
BYE

Alles Liebe, Gundi

Ich liebe es, wenn ein Buch eigentlich durch ist, die letzte Seite ist gelesen, und dann kommt doch noch etwas.

BYE
BYE

POST SCRIP TUM

Das Nachwort?

… eher eine Geschichte, wie aus einem Science-Fiction-Film, mit mir und einer Außerirdischen in den Hauptrollen.

Es ist Dienstagmorgen. Ich stehe am Küchenfenster mit Blick in den Garten. Plötzlich spüre ich, da ist jemand. Und dieser Jemand kommt geradewegs durch die geschlossene Scheibe in meine, gottseidank, aufgeräumte Küche.

Ich nehme eine weibliche Energie, zunächst nur vage, wahr. Dann materialisiert sich langsam vor mir ein etwa 1,20 Meter kleines Wesen, optisch einer Elfe sehr ähnlich. Sehr lieb scheint sie zu sein, so muss ich mich gar nicht erschrecken.

Ich schaue raus, weit und breit kein Ufo in Sicht. Nur mein Garten, wie immer. Mit dem winzigen Unterschied, dass sich inzwischen mehr und mehr elfenähnliche Wesen immer sichtbarer draußen tummeln.

O.k., das peppt meinen Morgen durchaus auf!

Erste Erkenntnis: diese Außerirdischen brauchen gar kein Ufo. Während wir mit Autoabgasen und geplatzten Fahrradschläuchen kämpfen, kommen diese Wesen einfach ganz zeitlos aus ihrer Dimension auf gar nichts hierher geflogen.

POST
SCRIP
TUM

Das Elfenmädchen kann sprechen, ohne einen Mund zu öffnen. Ich denke: „Aha, Telepathen ohne Flugobjekt, sympathisch!" Ich finde es allerdings schade, dass sie meine Gedanken lückenlos zu empfangen scheint, ich sie dagegen leider nur bruchstückhaft verstehe. Selbst im Science-Fiction-Film kann ich das wohl nicht besser.

Aber das, was ich verstehe, gefällt mir richtig gut. Ich lerne, dass es dort, wo diese nette Truppe herkommt, kein Wetter gibt. Es regnet nicht, es stürmt nicht, es ist nur Licht. Und genau so ist ihre Ernährung. Kein Fleisch, kein Kuchen, kein Gemüse, nur Licht. „Braucht ihr Wasser?", denk ich freundlich zu ihr rüber. Leider verstehe ich die Antwort nicht. Aber dass es dort Pflanzen gibt, die jedoch niemals in komische Töpfe gezwungen würden, das kommt bei mir an.

Überlege spontan, meine sämtlichen Topfpflanzen auf meine Wiese in die Freiheit zu setzen. Lass es dann aber doch.

Meine außerirdische Elfe verrät mir noch etwas, das ich geistig halbwegs gepuzzelt bekomme. Nämlich, dass niemand mehr auf ihrem Lichtplaneten stirbt. Wer mag, besucht die Geistige Welt, hält sich dort etwas auf und beamt sich in gleicher Art wieder auf den Planeten zurück. Ich überlege, ob ich ein bisschen neidisch bin.

Inzwischen haben es sich die anderen Lichtgesellen draußen nett gemacht. Hunderte von Schmetterlingen umkreisen meine Margeriten. Einige fröhliche Elfenaußerirdische malen mit filigranen Fingerchen Zeichen gen Himmel. Wolken über meinem Haus formieren sich daraufhin zu Schweinchen und anderen tollen Tieren. Einige spielen mit kleinen Kugeln die ausschauen wie Seifenblasen. Ich staune, so etwas besitze ich doch gar nicht.

Überhaupt wird mir sehr deutlich klar: diese Wesen, von wo auch immer sie herkommen, sie streiten nicht mehr, sie hassen nicht, sie zerstören nicht, sie besetzen nicht, sie leiden nicht. Eines aber tun sie ganz gewiss: sie sind uns Generationen voraus. Bis wir so voller Licht und Fähigkeiten sind, muss mit jedem von uns noch Mutation und Transformation höchsten Grades geschehen. Was, wenn im Universum alle anderen Wesenheiten ähnlich weit sind wie meine außerirdische Freundin und ihre Lichtkumpane? Dann sind wir der absolute Museumsplanet. Klasse, ich fühle mich wie fünf Kilo Schweinemett, obgleich ich seit 20 Jahren Vegetarier bin.

POST SCRIP TUM

Wir müssen dringend anfangen, Wichtiges von Unwichtigem in unserer Welt sinnvoll zu unterscheiden. Wir müssen aufräumen, damit unser Planet mithalten kann. Kollektives Bewusstsein richtig genutzt, alle gucken in die gleiche Richtung, dann wird es eines Tages auch hier was mit dem Leben im Licht.

Dienstagmorgen und Frühstücksgedanken vom Feinsten. In der kurzen Zeit habe ich meine Elfenfreundin ziemlich liebgewonnen. Schade, sie muss weiter, verspricht mir aber, bald wiederzukommen.

POST SCRIP TUM

Zack … alle weg.

Geblieben ist ein gutes Gefühl und ein besonderer Blumenduft in meinem Garten.

über die Autorin

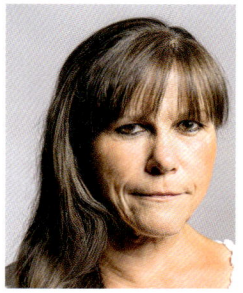

Gundi Zimmermann hat seit 1993 eine Praxis für psychologische und spirituelle Persönlichkeitsentwicklung wobei Humor ihr täglicher Begleiter ist. Als Bachblüten-Therapeutin gibt sie ihr Wissen und die praktische Anwendung zusätzlich in Seminaren an Heilpraktiker, Psychologen und Interessierte weiter. Die Mutter zweier erwachsener Kinder hat außerdem bereits ein Musikbuch für Grundschulen entwickelt.